HANS-JOACHIM KANN

BALDUIN

Gottes streitbarer Ritter

Verlag Michael Weyand

Impressum

Dieses Buch entstand mit freundlicher Förderung durch das Land Rheinland-Pfalz

www.weyand.de
Druck: Repa Druck, Saarbrücken
Bindung: Buchbinderei Schwind, Trier
Gestaltung: Sabine König
Fotos: Verlag Michael Weyand; Josef Tietzen; Wikipedia.de; Tourist-Informationen in Rheinland-Pfalz; S. 6: Luxembourg City Tourist Office; S. 23 bis 43: Landeshauptarchiv Koblenz, Bilder aus der Urkundensammlung Balduineum I; S. 84: Arthur Fontaine; S. 55: Andy Winkler, www.Ruinenland.de;

1. Auflage Dezember/2008

ISBN: 978-3-935 281-65-2

Inhalt

Die „Kleine Burg" auf dem Bockfels in der Stadt Luxemburg

Annäherung an Balduin

In der Trierer Bischofskirche ist Balduin von Luxemburg natürlicherweise ganz gegenwärtig. Nicht nur darf Balduin als der bedeutendste unter vielen wichtigen Bischöfen der Bischofsliste am Fuße des Treppenabgangs in die Ostkrypta gelten, sondern die große schwarzmarmorne Tumba im Westchor genau in der Mittelachse des Doms ist das am besten sichtbare Bischofsgrabmal im Trierer Dom überhaupt, und Balduins gotische Vollendungen der Osttürme sind aus dem Kreuzgang heraus unübersehbar.

In Luxemburg sind die Spuren Balduins dagegen kaum sichtbar. Da er im Luxemburgischen geboren wurde und aufwuchs, darf man mit einer gewissen Wahrscheinlichkeit seine Geburt im Bereich der kleinen Burg (= lützel Burg/-Luxemburg) auf dem Bockfels verorten – und einen guten Teil seiner Jugend bis zum vierzehnten Lebensjahr. Den Namen findet man dort aber nicht, noch nicht einmal in der Krypta der Kathedrale auf der Grablege für „Johann den Blennen", wo doch Johann selbst (Balduins Neffe), dessen Vater Heinrich VII. (Balduins Bruder) und Karl IV. (Balduins Großneffe) genannt werden, deren Karrieren alle eigentlich durch Balduins Ernennung zum Trierer Erzbischof in die Wege gebracht wurden.

Von den Burgen, die Balduin selbst hat bauen lassen, verweisen immerhin Balduinseck bei Buch in der Nähe von Kastellaun/Hunsrück und Balduinstein bei Dietz an der Lahn direkt auf den streitbaren Kurfürsten, während der Bezug bei Baldenau bei Hundheim/Hunsrück, Baldenruise/Hunsrück und Baldeneltz bei der Burg Eltz sprachlich schon verdunkelt ist.

Eine bessere Annäherung läuft über Gedenkjahre: 1985 wurde die siebenhundertste Wiederkehr seines Geburtsjahres 1285 mit einer Landesausstellung in Trier (durch die Landesarchivverwaltung Rheinland-Pfalz), einer großen Festschrift (herausgegeben von Johannes Mötsch und Franz-Josef Heyen) sowie einer Neuausgabe von Kaiser Heinrichs Romfahrt (herausgegeben von Franz-Josef Heyen) gefeiert.

Am 25.1.2004 gab es in der Hohen Domkirche Trier eine Vesper anlässlich des 650. Todestages (21.1.1354) und drei Jahre später die Veranstaltung des Landtags Rheinland-Pfalz im Kurfürstlichen Palais in Trier am 7.12.2007 (700 Jahre Wahl Balduins) im Beisein von Ministerpräsident Kurt Beck, Landtagspräsident Joachim Mertes, dem Präsident der Abgeordnetenkammer des Großherzogtums Luxemburg, Lucien Weiller, ADD-Präsident Dr. Josef Peter Mertes, dem Trierer OB Klaus Jensen sowie dem Präsidenten der Monumenta Germaniae Historica, Professor Dr. Rudolf Schieffer, der den Festvortrag hielt. Dem Auftakt für zwei Gedenkjahre zur Providierung (2007) und Amtseinführung (2008) Balduins

Grablege Johanns in der Luxemburger Kathedrale

folgten eine Reihe von Vorträgen, ein großes Kolloquium und verschiedene Publikationen.

Wenn man sich nun, derartig motiviert, einmal mit Balduin zu beschäftigen beginnt, ist man als moderner Leser sofort überrascht, wenn nicht gar abgestoßen. Da wird ein 19-Jähriger in absentia zum Trierer Dompropst gemacht, scheinbar nur weil er aus einer mächtigen Grafenfamilie stammt. Da wird er, mit päpstlicher Dispens, blutjung mit wohl noch 22 Jahren zum Priester geweiht. Und einen Tag später zum Bischof! Und weil er seinem Bruder, dem Grafen, das Bischofsamt verdankt, verhilft er als Kurfürst eben diesem Bruder mit zur Königswahl. Gelder fließen (vordergründig als Zahlungen für Ausgaben), werden bei drei Wahlen fließen. Ämterschacherei, Geldschacherei, Einflussschacherei. Und es kommt noch schlimmer. Nicht nur ist der geistliche Herr auch ein weltlicher Herr, er nimmt sogar an einem dreijährigen Feldzug teil und feiert dort als zentrale Leistung den Augenblick, wo er seinem adligen Gegner den Schädel spaltet! Und das ist nur der Auftakt zu einer über vierzigjährigen Kette von Burgenerwerbungen, Burgenerrichtungen, Burgenbelagerungen und Burgenzerstörungen!

Und das von einem Mann Gottes!

An dieser Stelle unserer hochmoralischen Gutmensch-Anklagen würden selbst Balduins ärgsten Feinde völlig verständnislos den Kopf schütteln.

Nicht über Balduin, sondern über uns.

So wie der mittelalterliche Kaiser unter der Krone eine Mitra trug, legte der Bischof neben Messgewändern auch gelegentlich den Waffenrock an, führte nicht nur das Gottesvolk, sondern auch das Schwert und die Reisigenschar, ließ nicht nur Lektor oder Prediger sprechen, sondern auch Steinschleuder und Geschütz.

Der mittelalterliche Mensch roch mit der gleichen Nase wie wir die gleiche Wiese ganz anders, las mit gleichen Augen die gleichen Bibelstellen ganz anders.

Klinken wir für die Dauer einiger Lese- und Betrachtungsstunden unsere modernen Vorurteile einmal aus und überlassen uns dem fremdartigen, farbigen, vollblütigen, deftigen, stinkenden, packenden, aufjauchzenden, atemberaubenden Bild einer ganz anderen Welt.

Der Welt Balduins von Luxemburg (Dominicus 1862).

Balduins Jugend

Über die Jugend Balduins wissen wir wenig, doch können wir manches herleiten. Er wurde 1285 geboren (Geburtstag, wie bei den meisten seiner Zeitgenossen, unbekannt), und zwar in eine überaus talentierte Familie. Rund zehn Generationen vor ihm hatte der Ardennengraf Sigfried I. durch einen (erzwungenen) Gütertausch mit dem Trierer Kloster St. Maximin einen festungstechnisch idealen Felssporn mit einer kleinen Burg („Lucilinburhuc", „Lützelburg") auf dem heutigen Stadtluxemburger Bockfels erworben und neu ausgebaut. Eine Enkelin, Kunigunde, war bereits mit einem deutschen Kaiser, Heinrich II., verheiratet und wurde als Heilige angesehen. Ermesinde I. führte die Luxemburger Linie durch eine frühe Heirat fort, ihr Sohn Heinrich IV. brachte den mächtigen Trierer Erzbischof Albero (1131/2–1152) an den Rand einer Niederlage, und die Tochter Ermesinde II. führte als Frau die Regentschaft nach dem Tode ihres Mannes fort. Ihr Enkel Heinrich VI. fiel bei der Schlacht von Worringen/Köln 1288 und hinterließ fünf eheliche Kinder, darunter Balduin und dessen älteren Bruder Heinrich, der mit der Wahl vom 27.11.1308 als Heinrich VII. die Linie der deutschen Könige und Kaiser aus dem Haus der Luxemburger begann (Heinrich VII., Wenzel/Karl IV., Wenzel II., Sigismund).

Luxemburg-Stadt ist eine riesige natürliche Festung, und obwohl Balduin seinen Vater, bei dessen Tod er erst drei Jahre alt war, nicht in Erinnerung behalten haben wird, muss er von dessen ritterlichen Kämpfen und Tod unendlich viel erzählt bekommen haben. Sein Spielzeug mag weitgehend ritterlich orientiert gewesen sein mit Figuren wie dem im benachbarten Trier gefundenen vollplastischen Bleiritter aus dem 14. Jahrhundert.

Balduins Ausbildung ab dem siebten Lebensjahr muss ebenso ritterorientiert gewesen sein wie seine körperliche Ertüchtigung. Balduin zeichnete sich bei aller Kleinwüchsigkeit durch außerordentliche Kraft (er soll einmal einen heranreitenden Knecht samt Kleinpferd zu Boden geworfen haben) und Geschicklichkeit aus (er betrieb auch später noch mit Begeisterung in Minimalkleidung leichtathletischen Dreikampf: Wettlaufen, Weitsprung, Steinstoßen – der erste Trierer Erzbischof, von dem wir das wissen, nachdem Albero der erste Trierer Erzbischof gewesen war, von dem bekannt ist, dass er schwimmen konnte). Diese Sportlichkeit wird auch von Balduins erfolgreichen Kämpfen (Bilderchronik 22b) bezeugt.

Seine schulische Ausbildung wurde bestimmt vom Trivium (lateinische Grammatik, Rhetorik, Dialektik) und Quadrivium (Mathematik, Geometrie, Musik, Astronomie), der normalen schulischen Ausbildung vor dem Universitätsstudium (weltliches und kirchliches Recht sowie Theologie an der Sorbonne in Paris), das er, mit einer zweijährigen Unterbrechung, 1307 im (damals nicht ungewöhnlich frühen) Alter von 22 abgeschlossen hatte. Er war damit auf eine ritterliche, eine weltliche und eine geistliche Karriere vorbereitet und sprach, wie auch die heutigen Luxemburger, mehrere Sprachen fließend.

Bleiritter, 14. Jahrhundert

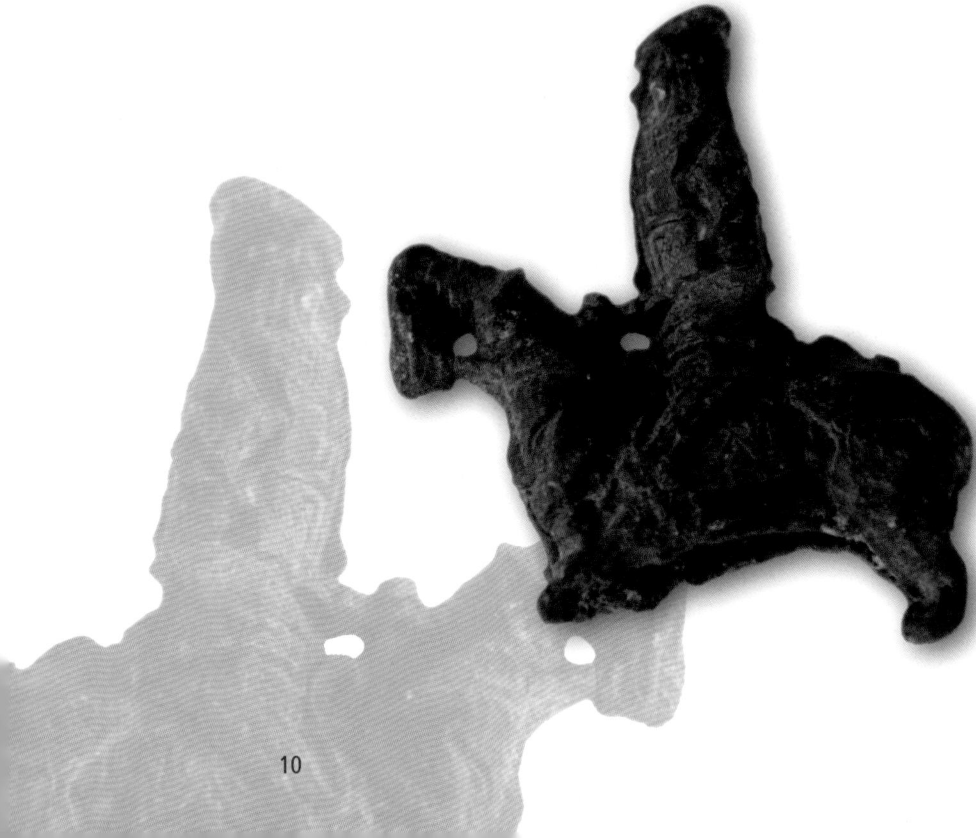

Welche Sprachen benutzte Balduin?

Als Luxemburger hatte Balduin Teil am germanischen (Deutsch/Moselfränkisch) wie am romanischen (Französisch) Sprachraum. Bei der kulturellen Ausrichtung der Grafenfamilie an Frankreich mag er in der Familie weitestgehend Französisch gesprochen haben, auf der Straße aber eher Deutsch in der Form des Moselfränkischen. Spätestens bei seinem Studium in Paris wird er außerhalb der Universität (Latein!) sein Französisch perfektioniert haben. Seit seinem 23. Lebensjahr lebte er dann weitgehend in einer deutschsprachigen, entweder moselfränkischen (Trier und Umgebung) oder rheinfränkischen (Koblenz und Umgebung) Welt, hatte aber auch französische Juristen, Schreiber und Künstler am Hof.

Ob Balduin während seiner Italienaufenthalte zu Beginn seiner Amtszeit Italienisch lernte, wissen wir nicht. Anzunehmen ist es aber, vor allem, weil die Kenntnisse des Französischen und des Lateinischen das sehr erleichtert hätten, zumal das Italienische damals dem Latein noch viel näher stand als heute. Balduin hat also vielleicht auch Dantes Begeisterungsausbrüche für seinen Bruder Heinrich VII. zumindest verstehen, wenn auch nicht unbedingt auf Italienisch kommentieren können.

Latein war für Balduin keine Fremdsprache. Es war, nach einer gewissen Anlaufzeit, die Sprache des Schulunterrichts. Erst recht die Sprache der Universitätsausbildung, und zwar europaweit. Ein Student konnte mühelos von jeder europäischen Universität zur anderen wechseln: Die Sprache, in leicht unterschiedlicher Aussprache und Vollkommenheit, war immer Latein. Wir kennen eine spontane (schriftliche) Sprachäußerung Balduins: In seiner Bilderchronik zur „Romfahrt" hatte der Maler Balduins Pferd als Schimmel gemalt. Eigenhändig hat Balduin das am Rande (sicher auch als Echo auf die lateinischen Bildunterschriften) auf Latein verbessert: niger (schwarz)!

Wie mühelos Balduin zwischen den Sprachen wechselte, zeigt ein diplomatischer Einsatz des Fünfzigjährigen. Bei einer Zusammenkunft mit dem Herzog von Lothringen, also dem Grenzgebiet zwischen der Germania und der Romania, verlas Balduin einen lateinischen Brief des Herzogs und verdeutschte diesen sodann. Anschließend verlas Balduin einen anderen Brief in „welscher" (= französischer) Sprache und legte diesen auf Deutsch aus. Seine eigenen Forderungen formulierte er schließlich „in deutscher Zunge".

Zufälligerweise fallen drei wichtige sprachliche Veränderungen in die Zeit Balduins. Einmal änderte sich die Urkundensprache. Die älteste Urkunde des Rheinlandes stammt (in einer Abschrift) von 634, es ist das Testament des fränkischen Diakons Adalgisel-Grimo. Natürlich in der Amtssprache der Alten Zeit, auf Latein. Um 1300 (Balduin trat mit 15 gerade ins Erwachsenenalter) kamen die ersten Urkunden in Deutsch auf, in Mittelhochdeutsch. In der Mitte des 14. Jahrhunderts (Balduin starb ja 1354 mit 69 Jahren) standen Deutsch und Latein als Urkundensprachen nebeneinander. Am Ende des 14. Jahrhunderts wurde die Mehrzahl der Urkunden auf Deutsch geschrieben.

Und jetzt schon nicht mehr auf Mittelhochdeutsch, sondern auf Frühneuhochdeutsch. Die Zeit um 1350 gilt als die Zeit dieses spontanen Umbruchs. Augrund seiner langen Regierungszeit von 46 Jahren muss Balduin die merkwürdigen sprachlichen Neuerungen noch miterlebt haben.

Einen Wandel gab es aber nicht nur im Mündlichen, sondern auch im Schriftlichen. Während um 1300 die ersten deutschsprachigen Urkunden die einzelnen Lokaldialekte noch sehr deutlich zeigen, beginnt sich bald eine Standardisierung, eine Schriftsprache, auszubilden. Ein früher Mittelpunkt zur Angleichung der unterschiedlichen Dialekte, ein Schmelztiegel sozusagen, in dem es zu einem Ausgleich der unterschiedlichen dialektalen Ausformungen zugunsten einer gemeinsamen sprachlichen Form kam, war Erfurt, die Bischofsstadt im mitteldeutschen Thüringen (übrigens ab 1386 die zweitälteste deutsche Universität). Bisher ging die Forschung davon aus, dass die Berufung des Erfurters Rudolf Losse an die Kanzlei Balduins im Jahre 1332 die Einführung dieser spätmittelhochdeutschen Schriftsprache in den deutschsprachigen Urkunden Balduins bewirkte. Andrea Rapp/Trier hat aber jetzt nachgewiesen, dass diese überdialektalen Erfurter Sprachformen bereits 1328 in Balduins Kanzlei auftauchten.

Wie kam es dann schon vier Jahre vor der Ankunft Losses zu diesem Wechsel? Nun, das Bistum Erfurt war vom Erzbistum Mainz aus gegründet worden und hatte auch im 14. Jahrhundert und danach noch enge Beziehungen zu Mainz. 1328 aber wurde Balduin auch Administrator von Mainz. Bei dem Austausch von Mitgliedern beider Kanzleien muss es über die Achse Erfurt-Mainz-Trier zu den sprachlichen Neuerungen im Trierer Raum gekommen sein, die dann nach 1332 mit der Ankunft von Losse noch verstärkt wurden (durch seine Mainzer Administratorentätigkeit und seine Berufungspraxis hatte Balduin also an diesen Veränderungen im Trierer Raum einen doppelten Anteil).

Später verlegte sich der Mittelpunkt der gemeinsamen Hochsprache/-Schriftsprache von Erfurt nach Prag – und daran hatte, wenn auch nicht Balduin direkt, aber seine Familie und damit Balduin wenigstens indirekt den entscheidenden Anteil. In Balduins Bilderchronik zeigt Bild 3b die Heirat von Balduins Neffen Johann (dem späteren Johann den Blennen, Johann den

Blinden) mit Elisabeth von Böhmen. Damit waren die Grafen von Luxemburg plötzlich Könige von Böhmen, später sogar von Böhmen, Mähren und Ungarn. Und damit konnte Prag Hauptstadt des Heiligen Römischen Reiches werden – unter den Luxemburgern. Prag als weitgehend deutschsprachige Stadt in einem weitgehend tschechischsprachigen Umland war damit der Bodenbereiter für zahlreiche deutsch-tschechische Erfolgsgeschichten (Prager Autoren wie Rilke, Kafka, Feuchtwanger, Kisch) und Tragödien. Und Prag hatte seit 1348 die erste deutsche Universität. Jetzt wurde die sächsisch-böhmische Kanzleisprache die leicht veränderte Grundlage der deutschen Hoch- und Schriftsprache.

Durch die Luxemburger.

Und auch für die Luxemburger – durch Hochdeutsch als erste „Fremdsprache" und Unterrichtssprache heute im ersten Schuljahr.

All dies hat jedenfalls Balduin erlebt und zum Teil mit befördert.

Und in die Wege geleitet hat es zum großen Teil seine Familie (mit Balduins Förderung und Kurfürstenstimme).

Balduins Weg auf den Trierer Bischofsstuhl

Bereits 1304, mit 19 Jahren, hatte Balduin den fünfjährigen Pariser Studienaufenthalt unterbrochen und war für wohl zwei Jahre nach Hause zurückgekehrt. Nicht nur war Balduin dadurch in Trier persönlich bekannt, er wurde auch schon nach der Erlangung von Kanonikaten in Metz und Trier zum Trierer Dompropst gewählt. Eine Kandidatur um die Mainzer Erzbischofwürde scheiterte noch – doch wurde der Arzt und Luxemburger Dienstmann Peter von Aspelt 1306 mit Hilfe des französischen Königs neuer Erzbischof von Mainz und damit einer der Wähler des deutschen Königs, eben Kurfürst.

Als dann am 23.11.1307 der erfolgsarme Trierer Erzbischof Dieter von Nassau starb, zögerte das Trierer Domkapitel nicht und wählte nur zwei Wochen später, am 7.12.1307, den Dompropst Balduin zum Wunschkandidaten. Man durfte hoffen, damit mehrere Ziele zu erreichen. Einmal gewann man einen offenbar talentierten jungen Mann aus einer mächtigen und wohlhabenden Familie als Verbündeten, dessen Vater Heinrich auch Trierer Bürger gewesen war. Außerdem wollte man Balduins Bruder, den jungen Luxemburger Grafen Heinrich, beruhigen, der noch 1299–1302 (wenig erfolgreich) gegen Trier Krieg geführt hatte. Man erwarb sich nicht nur ein überaus erfolgreiches geistliches und

Peter von Aspelt
am Trierer
Balduinbrunnen

weltliches Oberhaupt, sondern sogar einen noch mächtigeren Fürsprecher, denn Balduins Bruder Heinrich wurde, nachdem nun die Wählerstimmen des Mainzer und des Trierer Erzbischofs durch die geschickte Besetzungspolitik für das Haus Luxemburg gewonnen waren, am 27.11.1308 einstimmig zum deutschen König gewählt.

Rückseite Doppelpfennig Balduins: TREVE–R'

Die Schwierigkeit, dass der providierte (vorgesehene) Balduin noch nicht einmal zum Priester geweiht war, umging man mit einer heute undenkbaren, aber damals gar nicht ungewöhnlichen Vorgehensweise. Balduin, am 12.2.1308 von Papst Clemens V. mit päpstlicher Sondererlaubnis zum Erzbischof von Trier ernannt, wurde vom gleichen Papst am 10.3.1308 in Poitiers zum Priester und am folgenden Tag zum Erzbischof geweiht.

Balduin zog am 2.6.1308 (Pfingsten) in Trier ein, der Hauptstadt eines finanziell zerrütteten Erzbistums und Kurstaates. Der Kurstaat, ohnehin stark zersplittert, hatte durch verzweifelte Verpfändungen unter Dieter von Nassau noch mehr an Zusammenhalt und Macht verloren und war stark verschuldet. Eine Maßgabe dieser Schwäche war der Umstand, dass Erzbischof Dieter in sieben Jahren Herrschaft keinerlei Münzen hatte prägen lassen können.

Balduin änderte das schlagartig.

Was heute in Politik oder in der Kirchenverwaltung undenkbar wäre, geschah damals: Balduin zahlte die Schulden aus eigener Kasse, löste die verpfändeten Städte/Burgen wieder ein, gewann langfristige Einnahmen und Handelsfreiheit zurück, stellte die Finanzen auf eine solide Basis und ließ bald in Trier wieder Münzen prägen.

Turnosen (europaweit anerkannte Silbermünze aus Tours)

Woher hatte Balduin das Geld?

Er verzichtete gegenüber seinem Bruder Heinrich auf seine (theoretischen) Erbrechte und erhielt neben „Unkostenerstattung" 40.000 Pfund kleiner Turnosen (europaweit anerkannte Silbermünze aus Tours).

Heinrich war gerade flüssig, weil er den reichen Metzer Bürgern gegen deren Bischof Unterstützung gewährt hatte und sich 50.000 „Pfund" Silbermünzen (das Wort „Pfund" ist zu dieser Zeit nur noch symbolisch zu verstehen und zu einer Verrechnungseinheit von 240 Silbermünzen geworden) dafür hatte zahlen lassen. Da Heinrich das Geld aber weitgehend wieder zurückbrauchte,

Liebfrauenkirche Oberwesel

machte Heinrich, jetzt als König Heinrich VII., seinen Bruder Balduin schon 1309 zum gubernator („Steuermann", also Verwalter) von Oberwesel und verpfändete 1312 die beiden rheinischen Reichsstädte Oberwesel und Boppard mit Steuern und Abgaben von Juden und Christen für 12.000 „Pfund" Heller an Balduin. Dem Kaiser blieben neben den Münzrechten die ertragreichen Rheinzölle – den von Oberwesel erhielt Balduin erst 1314.

Balduin hatte damit Teilrechte über zwei absolute Perlen gewonnen, allerdings auch Schwierigkeiten miterworben, die er auf seine Weise lösen würde. Die vorläufige Zustimmung der Oberweseler gewann er durch die umfassende Unterstützung des 1308 noch vor seiner Inthronisierung begonnenen Baus der Liebfrauenkirche, deren Turm 1351 bis zum zweiten Obergeschoss gediehen war. Wenn Balduin in seiner Amtszeit nur diese eine Kirche hätte weiterbauen lassen, hätte er sich mit dem Juwel rheinischer Baukunst schon ein bleibendes Denkmal gesetzt.

In Boppard kam es dagegen 1327 zu einer Belagerung und Eroberung der unbotmäßigen Stadt, in die Balduin dann die (heute noch erhaltene) Burg zur Durchsetzung seiner Ansprüche hineinbauen ließ.

Die notwendige Geldbeschaffung geschah auf Balduins und Heinrichs Seiten durch verschiedene Maßnahmen. Der Papst hatte Balduin gestattet, 10.000 „Pfund" Turnosen auf Kirchengüter aufzunehmen. Heinrich erhöhte den Koblenzer Rheinzoll vorübergehend zugunsten Balduins und schenkte ihm am 6.2.1309 einen Rheinzoll, nahm selbst von Balduin aber ein Darlehen über 394 „Mark" (halbes Pfund zu 233,8 g) Silber auf, das die Bopparder Juden des Königs zurückzuzahlen hatten, und befahl Balduin im Juni 1310, die Burg Sterrenberg einzulösen (Balduin würde sie dann am 9.3.1316 von König Ludwig als Entschädigung für seine Unterstützung beim zweiten Hilfszug nach Böhmen bekommen). Balduins Straffung der (Steuer)verwaltung im Verein mit dem geschickten Geschachere und seiner frugalen Lebensweise ermöglichten es ihm dann, seinen Bruder bei dessen Romfahrt mit mehreren Wagenladungen Silber und Gold zu unterstützen.

Balduin und die Juden

Ohne seine jüdischen Geldverleiher hätte Balduin die zahlreichen und umfangreichen finanziellen Kraftakte gar nicht bewältigen können. Sein System einer straffen Steuerverwaltung mittels übersichtlicher Unterbezirke („Ämter") und energischer Steuereintreiber („Burggrafen") sowie einer Anzahl von Zollstellen (vor allem an Flüssen) sorgte zwar zumindest bis zur durchgreifenden Klimaabkühlung ab dem zweiten Drittel des 14. Jahrhunderts für zuverlässige und langfristig kalkulierbare Einkünfte. Doch Balduin brauchte immer wieder große Geldmengen auch ganz kurzfristig. Die Abgaben in Früh- und Hochmittelalter waren weitgehend in Form von (geldwerten) Naturprodukten gezahlt worden. Eine Ablösung der Abgaben durch Geldzahlungen bürgerte sich erst langsam ein, so dass das geprägte Silbergeld bis zum 11. Jahrhundert zumeist als Fernhandelsgeld (für Waren, aber auch als Schutzgelder) in skandinavischen Truhen verschwand. Erst im 12. Jahrhundert entwickelte sich in Norditalien allmählich eine ausgeprägte Geldwirtschaft, weshalb wir heute noch italienische Lehnwörter im geldwirtschaftlichen Fachwortschatz haben: Bank, Konto, Kredit, Bankrott, Lombard-Satz usw. Sogenannte „Lombarden", also Geldverleiher und Geldwechsler aus der Lombardei um Mailand, brachten im dreizehnten Jahrhundert diese

Deutschlands ältestes Judenhaus von 1311 in der Trierer Judengasse

Die Judengasse in Trier

Geldwirtschaft über die Alpen. In Trier sind die ersten „Lombarden" für 1262 nachweisbar (erster Nachweis für Deutschland überhaupt), angesiedelt in einer Gasse, in der sich auch andere ausländische Innovationsträger eingefunden hatten, nämlich flandrische Weber („Flandergasse", 1227, die heutige Flanderstraße neben der Trierer Domstadt). Die Trierer Juden überflügelten bald die „Lombarden" (zuletzt 1335 genannt) und beherrschten den lokalen Geldverkehr weitestgehend – wie vielerorts.

Die weltstädtische Treveri der Antike besaß schon eine Judengemeinde. Nach den Funden (Plomben, Kleingewichte) zu urteilen, betrieben Mitglieder dieser Gemeinde Fernhandel mit leichtgewichtigen Premiumswaren. In den Wirren der Völkerwanderungszeit zogen die Juden in die Städte des von der Völkerwanderung weniger erschütterten (West)frankreich bzw. der Iberischen Halbinsel. Dort spielten sie nach der arabischen Eroberung eine wichtige wissenschaftliche und wirtschaftliche Rolle, u. a. im Sklavenhandel. Da Moslems keine moslemischen Sklaven halten durften, ließ man gefangene Slaven (daher das Neuwort „Sklave") importieren. Die Handelsroute verlief u.a. über Koblenz, Metz und Verdun, wo Juden schon im 9. und 10. Jahrhundert nachweisbar sind. Trier lag genau an dieser Route, so dass wir mit einzelnen Juden im Trier dieser Zeit rechnen dürfen. Nachweisbar ist eine Gemeinde (schon mit einem Rabbi) aber erst für 1066.

Mit der zunehmenden Geldwirtschaft eröffnete sich den Juden ein neues Betätigungsfeld, zumal 1215 das Laterankonzil den Juden Landbesitz und Zunftbeitritt verboten hatte. Neben nichtzünftischen neuen Berufen wie Arzt (auch Balduin hatte jüdische Leibärzte) und Apotheker (1241 erstmals getrennt) oder Brillen-, später Diamantschleifer, stand nun der Geldverleih offen. Den Christen hatten wiederholte Bestimmungen das Verbot der Zinserhebung nachdrücklich eingeschärft; ohne eine Zins-„Belohnung" wollte andererseits natürlich niemand einfach zinslos Geld unter großem Risiko verleihen. Den Juden ließ die biblische Bestimmung immerhin die Möglichkeit, Geld gegen Zins an Christen zu verleihen: „Von einem Ausländer darfst du Zinsen nehmen, von deinem Bruder darfst du keine Zinsen nehmen" (Dtn 23,21). Da die Geschäftsrisiken durch Faustrecht, Räuberunwesen und Stürme/Naturkatastrophen damals sehr hoch waren, lagen die Jahreszinsen zwischen 15 und 87 Prozent für eine volkswirtschaftlich unumgängliche Barzahlungsweise in einer Zeit, die keine Ratenzahlung kannte. Den jüdischen Geldverleihern machte es meist wenig beliebt, manchmal verhasst.

In Trier, als einer Stadt mit einem Erzbischof, genossen die Juden aber besseren Schutz als anderswo. Als die französischen Kreuzfahrer 1096 die Trierer Juden zwangstaufen lassen wollten, schützte Erbischof Egilbert von Ortenburg sie eine Zeitlang in seiner Pfalz („Basilika"), musste die Juden unter Druck aber doch später herausgeben. An der Römerbrücke als dem Taufort kam es zu mehreren aufsehenerregenden Selbstmorden. Nach dem Abzug der Kreuzfahrer ließ der Erzbischof die Zwangsgetauften wieder als Juden leben. Die Pogrome der Kreuzzugverfolgung von 1146/47, die „Guter Werner"-Verfolgung von 1287 und die Armlederverfolgung von 1337 erreichten Trier und das Trierer Umland nicht, so dass zu Balduins Zeit eine blühende Judengemeinde von 250 bis 300 Köpfen im Bereich Jakobstraße/Judengasse/Stockplatz lebte. Friedhelm Burgard kann für die 53 kurtrierischen Ämter immerhin 28 Ämter mit Juden im 13. und 14. Jahrhundert nachweisen. Es wundert dann auch nicht, dass die Finanzrechnungen für Balduin auf Hebräisch geführt wurden.

Obwohl Balduin mit der Trierer Stadtgemeinde 1328 einen Vertrag zum Judenschutz abgeschlossen hatte, wurden nach dem 30.8.1349, in Balduins Abwesenheit, während der ersten nachantiken Pest in Europa mit den Brunnenvergiftungs-Anschuldigungen gegenüber den Juden offenbar die meisten Trierer Juden vom Mob umgebracht. Wir wissen Namen von Überlebenden, und das Judenviertel, in dem immer schon auch Christen gelebt hatten, erlebte wieder eine langsam wachsende Judengemeinde, vor allem wohl nach der endgültigen Vertreibung der Juden aus Frankreich im Jahre 1394. In der Zeit 1418/19 vertrieb dann aber auch der Trierer Erzbischof Otto von Ziegenhain seine Juden (für die nächsten 180 Jahre).

Mit der Judenverfolgung von 1349, mit Balduins Tod 1354 und mit der Klimaabkühlung begann für Trier ein langer Abstieg.

Münzprägung und Geldumlauf zur Zeit Balduins

Vor Balduin war die trierische Münzprägung auf einem Tiefpunkt angelangt. In der Zeit des finanziellen Chaos unter Dieter von Nassau (1300–1307) wurden weder in Koblenz noch in Trier Münzen geschlagen, wobei das gerade für Trier mit seiner in die Antike zurückgehende Tradition (nach 293 hatte Trier längere Zeit den größten Ausstoß an Münzen im ganzen Römischen Reich gehabt; die herrlichen Stücke aus dem Arras-Schatzfund stammen alle aus Trier) sehr schmerzlich war.

Bis 1252 war seit der Karolingerzeit Geld aus Silber gewesen. In dem Maße, wie sich das ganze Wirtschaftsleben von Tauschhandel und Naturalabgaben ab- und der Geldwirtschaft zuwandte, wurde Altsilber immer knapper, aber durch die Entdeckung reicher Silbervorkommen im Harz im 10. Jahrhundert kam es zu einer Stabilisierung, die dann durch Handelsdefizite und Schutzzahlungen an die Wikinger bis ins 11. Jahrhundert wieder überrollt wurde. Da sich die Zahl der Europäer zwischen dem 11. und dem 14. Jahrhundert durch warmes Klima, ständige Rodungen und agrartechnische wie medizinisch-hygienische Verbesserungen in etwa vervierfachte, stieß die Verknappung des Rohsilbers auf eine gleichzeitig gesteigerte Nachfrage nach Münzen. Da man lange am Silber festhielt, lagen die beiden Lösungsmöglichkeiten in a) der Beimischung von Kupfer oder/und b) der Verringerung des Gewichts der Münze. Bei Balduins Regierungsantritt wog der Pfennig, der frühere Denar (1,8 g um 800), nur noch 0,3 g. Es verwundert dann nicht, dass Balduin das Schlagen von Pfennigen und Doppelpfennigen 1336 endgültig einstellen ließ. Die ab spätestens 1340 geprägten Halbschillinge zu sechs Pfennigen (1,3 g – also wieder ein relativer Gewichtsverlust) und die Teilstücke Viertel- und Sechstelschillinge behaupteten sich jetzt besser gegen Geldsorten von außerhalb, zumal die Silberqualität gut war. Der Umstand, dass sich solche Stücke nur selten im Trierer Boden finden, deutet darauf hin, dass man diese Münzen gerne des guten Silbers wegen außerhalb benutzte, hortete und einschmolz, um durch Kupferbeimischung und/oder Gewichtsreduzierung einen Münzgewinn zu erzielen.

Balduin ging über die Qualitätsstabilisierung hinaus noch einen Schritt weiter. Im November 1348 schlossen Trier, Köln, Jülich und Luxemburg den ersten Rheinischen Münzvertrag, um auf einem jetzt viel größeren Gebiet eine einheitliche Geldsorte, den Turnosen als Schilling in Anlehnung an die seit 1266 geprägten Tournois (die französischen Stücke gehören zu den in Trierer Bodenfunden häufigsten Münzen), zu schaffen.

Den ersten Rheinischen Münzverein von 1385 mit den vier rheinischen Kurfürsten (Trier, Köln, Mainz, Pfalz) hat der 1354 gestorbene Balduin demnach nicht mehr erlebt, er hat ihn aber, wie die Goldene Bulle, vorbereitet. Geprägt wurde jetzt in Trier, in Cochem (ab 1331/1346?) und in Koblenz. In Trier ist die erneuerte Münzprägestätte für 1363/64 (aber wohl schon früher in Betrieb) am Hauptmarkt nachweisbar – der Nachteil einer feuergefährlichen Einrichtung in der Innenstadt wurde hier durch zwei unschätzbare Vorteile aufgewogen: Lage unmittelbar an der schützenden Helenenmauer um die Domstadt, eine Lage, die dann auch nur wenige Schritte vom Tor zur Judengasse und damit von den Zulieferern eines Gutteils des Edelmetalls entfernt war.

Oberweseler Goldgulden nach 1369

Die fortschreitende Inflation, die in Europa immer größere Silbernominale erfordert, in Verbindung mit der größeren Nachfrage nach Geld überhaupt, hatte 1252 in Florenz und 1284 in Venedig zu den ersten Ausprägungen von Goldmünzen seit der Merowingerzeit geführt. Diesen Weg ging Balduin noch nicht. Erst ab 1374 wurden in Trier Goldgulden geprägt, in Oberwesel ab 1369. Dieser Zug zum Rhein hing zusammen mit den Schwierigkeiten bei der Goldbeschaffung. Im ganzen Kurfürstentum gab es kein einziges Goldvorkommen – selbst das „Rheingold" hört mit dem Binger Loch, spätestens an den tiefen Auskolkungen der Loreley auf. Die beiden Möglichkeiten, an Gold zu kommen, lagen im Aufkauf von Rohgold (durch die international handelnden Juden) oder in der Bezahlung der Rheinzölle durch eine gelegentliche auswärtige Goldmünze.

Ähnliches gilt für Silber. Die Entdeckungen von Silbervorkommen bei Bernkastel oder Wellmich/Rhein liegen jenseits von Balduins Zeit. So war der Besitz eines Rheinzolls die Voraussetzung der fortlaufenden Geldprägung in einem Kurstaat fast ohne Rohstoffe, aber mit Anteilen an der führenden Verkehrsader Mitteleuropas.

Damit erhöhte sich die Wichtigkeit der Münzstätte Koblenz und sank die der Münzstätte Trier, die 1429 geschlossen wurde. 1310 hatte Balduin als erster „Kurfürst" das Recht erhalten, an jeder beliebigen Stelle seines Territoriums münzen zu lassen; 1341 bekam er von Ludwig dem Bayern das Recht, gegen jeden anderen Münz„herrn" in seinem Bistum vorzugehen. 1346 erhielt er von seinem Großneffen Karl IV. das Recht zur Prägung von königlichem und kaiserlichem Geld aus Gold und Silber (Karl-Josef Gilles; Gerd Martin Forneck). Die Rheinschiene und Koblenz sollten letztendlich davon profitieren. Die Verlagerung des Schwergewichts vom Oberstift (Trier) zum Niederstift (Koblenz) begann also ausgerechnet mit Balduin von Luxemburg.

Balduins Romfahrt

Zu Balduins früher Zeit als Bischof von Trier besitzen wir durch die der Urkundensammlung Balduineum I ehemals vorgehefteten Bildchronik auf 37 Seiten mit 73 weitestgehend halbseitigen Bildern geradezu eine Reportage im Bild und Text – für einen Trierer Erzbischof des Mittelalters eine einmalige Quelle (selbst für Kaiser sehr ungewöhnlich).

Nun müssen wir uns auch hier wieder freimachen von heutigen Vorstellungen, speziell von Vorstellungen von Fotojournalismus. Obwohl wir inzwischen genügend schlechte Erfahrung mit nachgestellten, retouchierten oder digital bearbeiteten Fotos gesammelt haben, hoffen wir als Betrachter immer noch darauf, die Fotos zeigten die Situationen so, wie sie „waren". Und bei einem Text nehmen wir, trotz noch größerer Manipuliermöglichkeiten, Ähnliches an.

Hier aber haben wir (Feder)zeichnungen vorliegen. Zeichnungen, die rund 20 Jahre nach den Ereignissen entstanden. Durch einen Zeichner, der wohl kein Augenzeuge gewesen war. Und dennoch können Bild und Text bezüglich Balduins „wahrer" sein als (wenn es sie denn damals gegeben hätte) Fotos. Denn sie zeigen, wie Balduin die Geschehnisse erinnerte, wie er sie der Welt gegenüber dargestellt sehen wollte. Und wenn seine größte Kampfleistung genau das mittlere Bild der ganzen Romfahrt seines Bruders ist und wenn dieser Leistung sofort die Kaiserkrönung folgt, dann glaubt man die planende Hand Balduins auch als concepteur dahinter zu sehen. Und nicht nur das Vorausplanen wird erkennbar, sondern auch das nachträgliche Verbessern von Einzelheiten durch Balduins eigenhändige Randbemerkungen. Das wiederum bedeutet, dass solche Stellen, die nicht korrigiert wurden, mit der Vorplanung und mit Balduins Absichten weitestgehend übereinstimmten. Freilich nicht notwendigerweise mit den „Tatsachen", denn verschiedene peinliche Einzelheiten werden einfach ausgelassen: Dem Bild 3b nach wählen sieben Kurfürsten Balduins Bruder Heinrich, obwohl der König von Böhmen (ausgerechnet der Sohn des Gewählten) nicht dabei war; Schwestern von drei und vier Jahren werden als Erwachsene dargestellt; Balduin war in Wirklichkeit bei der Eheschließung Johann/Elisabeth gar nicht anwesend usw.

Dafür werden andere Einzelheiten, die uns vielleicht peinlich wären – wie die grausame Bestrafung eines Verräters (13b) oder die Zerstörung einer Stadt (15a) bzw. einer Burg (26b) –, krass dargestellt und möglicherweise in der Krassheit sogar noch übertrieben. Wir sind aber Balduin selbst sicher nirgendwo näher als da, wo etwas verschwiegen oder übertrieben wird.

Schauen wir uns also einige Bilder genauer an (der Autor verdankt Franz-Josef Heyen 1985 und Wolfgang Schmid 2000 viele Hinweise).

❦ Bild 1a

Bild 1a

Im Jahre des Herrn 1307 weiht Papst Clemens V. in Poitiers Balduin, den Bruder Heinrichs, des Grafen von Luxemburg, zum trierischen Erzbischof.

Der Text beantwortet auf den ersten Blick die Fragen wer? (Papst Clemens V.), wen? (Balduin), wann (angeblich 1307), wo? (im französischen Poitiers – wir stehen ein Jahr vor der Zeit der „babylonischen Gefangenschaft" der Päpste im französischen Avignon), doch stört das Datum. Balduin wurde 1307 als Bischof vorgesehen, aber erst am 11.3.1308 geweiht. Das Rätsel löst sich, wenn man die „trierische Zeitrechnung" mit einbezieht. Vom 11. bis zum 16., teilweise sogar bis zum 17. Jahrhundert, begann das Jahr in Trier am 25. März (Annunziationsstil, denn an diesem Tag, genau neun Monate vor Weihnachten, wird die Verkündigung von Schwangerschaft und Geburt an Maria durch den Erzengel Gabriel gefeiert), eine höchst symbolische und sinnvolle Verbindung von Frühjahrsaussaat, Tag- und Nachtgleiche (21.3.), Frühlingsbeginn und Mariae Verkündigung (Beginn des Lebens Jesu). Die Bischofsweihe geschah dann zwei Wochen vor dem Trierer Jahreswechsel, also noch „MCCCVII"/"1307".

Die Handlung findet in einer gotischen Kirche (Dom zu Poitiers) statt. Der Zeichner steht im Kirchenraum und blickt durch einen fünfbogigen Lettner in den

Bild 2a

Altarraum, wo der Papst auf dem (perspektivisch korrekten) Bischofsstuhl, der Kathedra, thront. Natürlich sitzt er in der Bildmitte, unter dem höchsten Bogen, und ist, seiner Bedeutung gemäß, selbst sitzend größer als alle anderen dargestellt, ausgezeichnet überdies durch seine Pontifikalhandschuhe, seine rotweiße Mitra und sein Manipel an der linken Hand. Drei assistierende Kardinäle sind durch ihre roten Kardinalshüte mit roten Kordeln hervorgehoben und stehen dem Papst am nächsten. Vier Priester sollen zu Bischöfen geweiht werden. Drei davon knien wartend links (2) und rechts (1) und halten ihre durch rote Striche leicht betonten Mitren in den Händen. Balduin hat den Vorrang. Er wird als erster geweiht, bekommt gerade (Handlungsrichtung in Leserichtung) die Mitra aufgesetzt und trägt als erster und einziger bereits das Pallium. Selbstverständlich hat der Maler ihn als größten der vier dargestellt, auch sein Bischofsstab überragt die drei anderen. Sieben (drei und vier) barhäuptige pelzbekleidete Adlige bzw. Domherren unterschiedlichen Alters (zwei grauhaarige Bartträger, zwei Brünette/Rothaarige und drei Blonde, von denen der vordere rechte jugendlich aussieht – Heinrich?) beobachten die feierliche Szene. Nichts deutet darauf hin, dass der eben Geweihte wohl noch keine 23 Jahre alt ist und erst einen Tag zuvor zum Priester geweiht worden war.

❦ Bild 2a
Ankunft des Erzbischofs in Trier am Pfingsttag des Jahres 1308.

Das Bild ist in zwei fast gleiche Hälften geteilt. Von links (Bewegungsrichtung gleich Leserichtung) reitet eine Schar selbstbewusst heran. Die Zügel hängen schlaff, die Pferdemäuler sind nicht aufgerissen, Ross und Reiter bewegen sich dynamisch auf die rechte Gruppe von Klerikern zu, die sich ebenfalls noch bewegen (obwohl beide Gruppen schon auf Tuchfühlung sind), allerdings zu Fuß und, prozessionsbedingt, langsam. In seiner eigenen Gruppe ist Balduin der zweite Reiter (nach Heinrich?), aber wieder ist er hervorgehoben durch seinen Apfelschimmel und seine rote Kappe. Außerdem ist er der einzige, der seine Rechte im Rede- und Segensgestus erhoben hat.

Die Feierlichkeit des adventus, der Ankunft, wird durch die Gruppe rechts beschworen. 14 (überproportional) kleine Messdiener in einheitlicher schwarzweißer Kleidung, fast alle schon tonsuriert, ziehen dem Bischof (vor einem Stadttor) entgegen. Die ersten vier tragen einfache Vortragekreuze mit Knaufenden auf roten Stangen.

Sieben Erwachsene, ein Mönch (Abt?) mit einer Nonne (Äbtissin?) sowie fünf Domkapitulare mit Tonsur, Chormänteln und großen Mantelschließen überragen die Messdiener um das Doppelte. Der vordere rechte trägt einen Reliquienschrein vor der Brust. Es handelt sich eindeutig um ein Kastenreliquiar mit Dach, Schlüsselloch und zwei Scharnieren/Verzierungen. Diese Form erinnert stark an den granulierten Reliquienkasten (Byzanz, 13. Jahrhundert; der kleine Löwe als Verschluss wird mit Balduin in Verbindung gebracht), der in der Designatio von 1655 als Reliquiar für das Lazarushaupt, nach dem Inventar von 1776 als Reliquiar für die Häupter des heiligen Matthias und der heiligen Helena (zu Balduins Zeiten noch nicht in Trier) bezeichnet wird und sich heute noch im Trierer Domschatz befindet (Schatzkunst Trier, 1984, Nr. 82).

Auch die von einem anderen Kleriker vorangetragene Reliquie mit der birnenförmigen Verdickung existiert heute noch, allerdings im Limburger Domschatz. Es ist die den Trierern übriggebliebene Hälfte des Petrusstabs mit der den Verlust kaschierenden Goldhülle aus der Egbert-Werkstatt. Dieser Petrusstab verweist darauf, dass der ankommende Erzbischof im Dom St. Peter in die apostolische Tradition eingepasst wird. Symbolisch ist natürlich auch der Pfingsttag, der 2.6.1308: Wie der heilige Geist auf die Jünger herabströmt, kommt Balduin zu seiner Stadt, seiner Kirche, in sein Amt.

Bild 2b

❦ Bild 2b
Er zelebriert die Messe.

Der Kirchenraum wird nicht durch eine mehrbogige Sakralarchitektur angedeutet, sondern nur durch den Altar, an dem Balduin sein erstes Messopfer in seiner neuen Wirkungsstätte feiert. Nichts im Text und Bild deutet darauf hin, dass es sich bei der Kirche um den Trierer Dom handelt (kein Petrusstab, kein heiliger Nagel), doch liefert Bild 2a mit „Trev[er]is" die nötige Einengung auf Trier und damit auf den Trierer Dom. Links stehen dichtgedrängt 20 Personen und deuten an, wie voll der Dom bei diesem Anlass ist. Da der Dom seine heutige Ausdehnung bereits 1196 erreicht hatte und da es für die Gemeinde keine Sitzgelegenheit gab (tatsächlich stehen alle sichtbaren Personen), kann man die moderne Erfahrung mit den Teilnehmern im Gedenkgottesdiensten zugrundelegen: Mindestens 4000 Menschen werden 1308 in den Trierer Dom gepasst haben, also fast jeder zweite christliche Einwohner Triers. Sichtbar sind im Bildausschnitt nur Männer. Die beiden Krümmen vorne dürften zu Bischöfen gehören, von denen mindestens einer eine Vierpass-Chormantelschließe trägt. Links hält ein Kleriker mit verhüllten Händen die Patene mit einem getriebenen Fünfpass hoch. Mindestens zwei Männer, in reiches Pelzwerk gekleidet, sind Adlige/Domherren, ein mit einem schlichten Mantel und einfachem Kragen Gekleideter mag ein Prior sein (kein Abtsstab). Die Männer im Hintergrund sind Bewaffnete/Adlige, die ihre Helme selbst in der Kirche aufbehalten, wie die Verbindungsstudenten bei einer Bischofseinführung auch heute noch ihre Kappen aufbehalten. Balduin steht, beobachtet von einem pelzgeschmückten Teilnehmer rechts (dem gleichen, der ihn in den Bildern 1b und 2a links mitreitend begleitet? Sein Bruder Heinrich?), und „liest die Messe". Auf der großen Altarmensa steht links ein Kerzenleuchter, rechts der verdeckte Kelch; das Messbuch mit angedeuteter Schrift zwischen vorgezogenen Linien liegt aufgeschlagen in der Mitte. Balduin liest den Messtext (den er damals wegen der Kürze seiner kirchlichen Ausbildung sicher noch nicht auswendig konnte) mit zum Gebet ausgebreiteten Händen. Als Zeichen seiner frisch verliehenen Bischofswürde trägt er Mitra, Pallium und das Manipel an der linken Hand (beide Hände sind außerdem behandschuht). Das rote Dreieck auf der Mitra, das schon von Bild 1a her bekannt ist, hebt Balduin ebenso heraus wie seine Freistellung von allen anderen Personen, seine bischöfliche Gewandung und sein solitäres Sprechen/Beten. Seine bedeutungsperspektivisch überragende Größe stellt den kleinen Bischof zusätzlich über alle anderen. Die gebeugte Haltung Balduins ist nicht durch seine Kurzsichtigkeit (Bild 36b zeigt einen anderen Bischof in gleicher Haltung), sondern durch die rituelle Demutsgeste bestimmt, die Balduins „Größe" umso stärker ins Auge springen lässt.

Das Altarretabel mit 12 spitz überdachten Nischen mit gotischen Dreipässen mag dem tatsächlichen damaligen Altarretabel im Trierer Dom St. Peter nahekommen und könnte die Apostelfiguren enthalten haben (wie der romanische Lettner des Doms).

❦ Bild 3a
Er sitzt zu Tisch.

Anschließend an die erste Messe (mit langer Abstinenz für alle vor der Kommunion) wird ein Festmahl im Freien gehalten. An dem langen, mit Brettern aufgeschlagenen und tuchgedeckten Tisch (der Maler hat die Tuchfalten in der Bildmitte vergessen) sind Balduin und neun Familienmitglieder zu sehen. Balduin, genau in der Mitte sitzend, wird wieder durch sein pileulus herausgehoben, den einzigen Rotton im Bilde. Links von Balduin (rechts im Bilde) sitzen vier junge Männer, nämlich seine Brüder Heinrich (der luxemburgische Erbgraf, der spätere

Bild 3a

deutsche Kaiser, ca. 1278–24.8.1311; auf einem Ehrenplatz neben Balduin), Walram (gest. 1./2.8.1311), Johann (12.1.1296–25.8.1346) und ein namentlich nicht bekannter Bastard, also ein unehelicher, aber durchaus in der Familie akzeptierter Bruder (Winfried Reichert). Rechts von Balduin, auf der hervorgehobenen Seite, seine Mutter Beatrix (gest. 1.3.1320) und seine zwei Schwestern Margarethe (gest. 14.2.1337) und Felicitas (gest. 6.9.1336) und wohl Johanns Töchter Maria (1304–25.7. 1324) und Beatrix (1305–11.11.1319 – die beiden letzteren als gleichaltrig mit den andern dargestellt, aber in Wirklichkeit noch im frühen Kindes-Alter). Die verwitwete Mutter, als „unter die Haube Gekommene" gezeichnet, ist natürlich kleiner als Balduin, wird aber mehrfach herausgestellt: als Verheiratete, als Ehrengast zur Rechten Balduins, als seine einzige Gesprächspartnerin. Das innige Verhältnis des Sohns zur Mutter, die ja als Witwe seit seinem dritten Lebensjahr die alleinige Verantwortung für seine Erziehung, Ausbildung und Karriere hatte, zeigt sich auch dadurch, dass Balduin als einziger mit beiden Händen den lebhaften Redegestus ausdrückt und dabei noch mit seiner linken ihre rechte berührt.

Dass das Mahl im Freien (im abgeschlossenen Garten des Bischofhofs?) stattfindet, Gras wird angedeutet, erkennt man auch daran, dass neue Speisen und Getränke nicht einfach hereingetragen, sondern aufsehenerregend freihändig „hereingeritten" werden. Vom Pferd aus koordiniert der Truchsess die komplizierten Manöver mit einem Stab; auf einem Erdhügel stehend, überwacht der Zeremonienmeister das Ganze.

Die Tafel ist reich gedeckt. Vier kostbare Kelche stehen bereit – der gegenüber Balduin ist mit einen Deckel mit Kreuzgriff (gegen einen Giftanschlag?) gesichert. Ein großer Pokal und eine Kanne (sicher nicht mit Wasser) werden gerade hereingebracht. Sieben Schüsseln mit Geflügelbraten stehen auf dem Tisch, zwei Schüsseln (mit Saucen?) und zehn Gebäckstücke verschiedener Formen ergänzen das Angebot, und gerade werden drei große Terrinen für den ersten Gang hereingeritten. Alle Teilnehmer haben ein eigenes Messer (man denke an das uns überkommene Messerchen Balduins!) vor sich liegen; die Löffel mögen noch im Gürtel stecken.

Reichhaltiges Angebot (sicher mit zahlreichen Gängen), hoher Fleisch- und Weinanteil und ein spektakuläres Servierzeremoniell kennzeichnen das Festmahl, dessen Zutaten sich von denen normaler Mahlzeiten sicher nicht so sehr qualitativ, sondern quantitativ absetzen.

❦ Bild 3b
Sieben Wähler (=Kurfürsten) küren Heinrich, den Grafen von Luxemburg, am 27. Tag des Novembers in Frankfurt zum König der Römer.

Ort der Handlung ist das Dominikanerkloster in Frankfurt, der Tag der 27.11.1308. Das Bild weist stilisiert in die Vergangenheit auf den offiziellen Wahltag, stilisiert, weil der hier gezeigte König von Böhmen gar nicht anwesend war. Gleichzeitig weist es in die Zukunft, weil Balduins Vorstellungen zukünftig in die Goldene Bulle (= Goldenes Siegel – an der Urkunde) einfließen werden. Erst nach 1356 kann man eigentlich von „den Kurfürsten" sprechen, weshalb in der Übersetzung für „Septe[m] el[ec]tores" die Formulierung „Sieben Wähler" bevorzugt wird. Unser Bild nimmt nicht nur die Zusammensetzung des zukünftigen Wählerkollegiums vorweg, sondern auch den „Schönen Brunnen" in Nürnberg (1385–1396) mit u. a. der Darstellung der Sieben Kurfürsten. Wie dort verweisen die Wappen auf die Identität des jeweiligen Kürers, denn diese sind, alle in pelzbesetzten Gewändern mit angedeuteten kostbaren Mantelschließen und in

Bild 3b

Redegesten diskutierend, gleichartig dargestellt. Immerhin ist erkennbar, dass die vier weltlichen Kürer rechts (also heraldisch links) alle barhäuptig sind, während die drei geistlichen Kürer heraldisch rechts (also auf der wichtigen, der herausgehobenen Seite) sitzen und durch ihre pileuli herausgehoben sind. Balduin trägt das einzige kräftig rote pileulus, ist aber dem Kölner (Inhaber der Zeremonialgewalt) und dem Mainzer (Erzkanzler des Reiches) nachgeordnet. Die Wappenschilde helfen die Personen identifizieren: der Erzbischof Heinrich von Köln unter dem schwarzen Kreuz auf weißem Grund, Erzbischof Peter von Mainz unter dem Mainzer Rad auf rotem Grund, Erzbischof Balduin von Trier unter dem roten Kreuz auf weißem Grund, Pfalzgraf bei Rheine Rudolf unter dem pfälzischen Löwen (die drei Wappenschilde nebeneinander bilden übrigens heute das Wappenschild von Rheinland-Pfalz!), Herzog Rudolf von Sachsen unter dem Streifenwappen, Markgraf Waldemar von Brandenburg unter dem Adler (dem späteren preußischen Adler) und (der abwesende) Herzog Heinrich von Kärnten als König von Böhmen unter dem Löwen mit dem gespaltenen Schweif auf rotem Grund.

Das heutige Trierer Bistumswappen „rotes Kreuz auf weißem Grund" ist 1273 erstbelegt, also kurz vor Balduins Geburt. In den fünfziger Jahren erhielt das Trierer Generalvikariat einen Mahnbrief aus Genf, das Rote Kreuz verbiete dem Bistum Trier den Gebrauch des geschützten Logos des Roten Kreuzes, was man souverän durch den Hinweis darauf abwehren konnte, man benutze dieses Wappen doch schon fast siebenhundert Jahre …

Übrigens zeigt das Bild nur die offizielle Wahl, die Absprache war schon vorher in Rhens/Mittelrhein festgelegt worden (wie auch wieder 1314); 1346 war Rhens sogar die Wahlstätte selbst. Rhens war, herrschaftlich gesehen, kölnisch, gehörte aber zur Diözese Trier und lag gegenüber dem kurmainzischen Oberlahnstein und nahe dem pfälzischen Lehen Burg Braubach. Die lebhafte Diskussion ist also eigentlich die der Rhenser Besprechung, die feierliche Kleidung die aus der Frankfurter St. Bartholomäuskirche (Kirchenbau mit Fenstern und krabben- und kreuzblumenbesetzten gotischen Spitzbögen); die Ausgewogenheit der Komposition passt wiederum zu dem realen Ergebnis einer einhelligen Wahl, die ganz überraschend auf den Luxemburger Heinrich fiel, nicht zuletzt weil mit Balduin und Peter von Aspelt zwei Luxemburger wahlberechtigt waren. 1314 waren es (mit Balduins Bruder Johann also König von Böhmen) sogar drei, was aber die „Zwiekur" (Doppelwahl) nicht verhinderte; die letztlich (militärisch 1322 entschieden) Ludwig den Bayern zum deutschen König machte. Erst 1346 gelang Balduin mit Johann die Teilwahl von Balduins Großneffen Karl, der ab 1347 nach dem Tod des exkommunizierten Ludwig als Karl IV. deutscher König in Prag wurde (Ernst Schubert, 1985).

Aus den nachfolgenden Bildern seien hier nur einige wichtige vorgestellt. Nach der Altarsetzung Heinrichs in Frankfurt und seiner Krönung in Aachen (6.1.1309) sowie der Verehrung der hl. Drei Könige im unvollendeten Kölner Dom folgt ein Bild einer epochenmachenden Eheschließung.

❦ Bild 5b
Die Eheschliessung zu Speyer zwischen Johann, dem Sohn Heinrichs, des römischen Königs, und Elisabeth, der Erbin Böhmens, im Jahre (13)10.

Das angegebene Datum 10 ist ein Minderdatum für 1310, der Monat ist September. Zu einer angedeuteten romanischen Kirchenarchitektur (passend zum Dom zu Speyer) thront in der Mitte der Mainzer Erzbischof Peter von Aspelt (handschriftlich .p. mog. arch.) und legt die Hände des Brautpaares Elisabeth von

Böhmen (gest. 1330; heraldisch links) und Johann von Luxemburg (1296–1346; heraldisch rechts, also hervorgehoben) zusammen. Die Vermählten (er ist 14; sie noch nicht gebärfähig) werden bedeutungsperspektivisch als Erwachsene in Kindergröße dargestellt, die Zeremonie wird durch geführte Handreichung (iunctio manum) vollzogen. Elf Erwachsene (fünf links, sechs rechts) schauen in angedeuteter respektvoller Entfernung vom Mainzer Erzbischof zu, drei können wir identifizieren. Auf der linken (heraldisch rechten und damit hervorgehobenen) Seite sitzt neben einem anderen Bischof der durch das in diesem Abschnitt der Chronik traditionelle rote pileulus bezeichnete Balduin (der in Wirklichkeit gar nicht anwesend war) und verweist mit erhobenem Zeigefinger auf die wichtige Handlung. Rechts (heraldisch links – aus kirchlicher Sicht ist das Königspaar also weniger wichtig als die beiden Bischöfe) sitzt Balduins Bruder Heinrich als Brautvater für seinen Sohn Johann, rechts von ihm seine Gattin und Mutter des Bräutigams, Margarethe von Brabant. Der die Zeremonie leitende Peter von Aspelt hatte auch die Verhandlungen geführt, die zu der gerade vollzogenen Ehe zwischen Johann, der weiterhin Graf von Luxemburg blieb und jetzt König von Böhmen wurde, und der Premysliden Elisabeth, der Erbtochter Böhmens, die Böhmen mit in die Ehe, gleichzeitig aber auch Böhmen nach Westeuropa und Johann nach Böhmen brachte. Man kann die Bedeutung dieses simplen Bildes mit dem Kinderpaar gar nicht hoch genug einschätzen. Das Paar wird sechs Jahre später einen Sohn, Wenzel, haben, der 1346 als Karl IV. formell und 1347 realiter König und 1355 deutscher Kaiser werden wird. Seine Residenz ist Prag, eine weitgehend deutschsprachige Insel in einer tschechischsprachigen Umwelt (die Insel wird der deutschen Literatur Rainer Maria Rilke, Franz Kafka, Franz Werfel und Egon Erwin Kisch schenken). Hier wird 1348 die erste deutsche Universität gegründet, hier entwickelt sich die sächsisch-böhmische Kanzleisprache als vorbildgebende Sprache des Frühneuhochdeutschen, das der deutschen Literatur als einen ersten Höhepunkt den faszinierenden Text „Der Ackermann von Böhmen", der Bildenden Kunst mit Arcimboldis "Rudolf II. als Autumnus" usw. eine unvergessliche Gemäldeserie und der deutschen Politik mit dem Prager Fenstersturz den Auslöser für die Katastrophe des 30-jährigen Krieges und damit Schiller den Stoff für seinen dreiteiligen Wallenstein geben wird.

Karl IV. (1346/47–1378), an den ja heute noch neben dem Prager Dom die Prager Karlsbrücke erinnert, zeugte in seiner dritten Ehe mit Anna von Schweidnitz dann Wenzel, den deutschen König von 1378–1400, an den in Luxemburg ja noch die „Wenzelsmauer", die Stadtmauer auf dem Rham-Plateau, erinnert. In der vierten Ehe zeugte Karl mit Elisabeth von Pommern dann Sigismund, den deutschen König von 1410–1437, der auch gleichzeitig König von Ungarn war

Bild 5b

und über seine luxemburgischen und französischen Verbindungen z. B. den Umstand vorbereiten wird, dass weniger als eine Generation nach seinem Tod die Renaissance in Ungarn einziehen wird, 60 Jahre früher als etwa in Trier.

Mit der hier gezeigten Vermählung wurde gleichzeitig gewährleistet, dass die Teilnahme der Luxemburger an der deutschen König- und Kaiserherrschaft zwischen 1308 und 1313 nicht ein folgenloses Intermezzo blieb, sondern von 1346–1400 und 1410–1437 weiterwirkte. In der Trierer (Minoriten)/Jesuitenkirche lebt das noch dadurch nach, dass in der Kirche nicht nur das Epitaph der Elisabeth von Görlitz (gest. 1451; Bildrelief von um 1460) in der südlichen Wand eingelassen ist (mit den Hinweisen auf das Haus Luxemburg und Kaiser Sigismund, Elisabeths Bruder), sondern darüber hinaus das von den Luxemburgern gestiftete nördliche Seitenschiff in den Schluss-Steinen die Wappen von Luxemburg und Böhmen aufweist.

Drei ausgesprochene Ironien enthält das Bild. Der durch pileulus und die Position rechts vom zukünftigen König Johann so herausgehobene Balduin ist

„Ich dien" auf der englischen 2-Pence-Münze. Nach der Schlacht von Crécy 1346 war der englische Kronprinz von dem im Kampf gefallenen Blinden Johann so beeindruckt, dass er dessen luxemburgisches Straußenfeder-Wappen mit dem Motto „Ich dien" übernahm (auch Prinz Charles führt es).

eigentlich der Rangniedrigste der drei identifizierbaren männlichen Mitglieder der Luxemburger Grafenfamilie, niedriger als König (später Kaiser) Heinrich, sein Bruder, und niedriger als sein Neffe König Johann (der berühmte Johann den Blennen, Johann der Blinde, ranghöchster Toter der Schlacht von Crécy 1346 und Vorbildgeber für das Wappen eines jeden englischen Kronprinzen, das mit dem deutschsprachigen Motto „Ich dien" ja auch die englische 2-Pence-Münze ziert). Aufgrund seiner hier positionell so hoch bewerteten kirchlichen Stellung wird Balduin keinen dynastischen Nachfolger haben wie Heinrich, der einen König zeugte, und Johann, der einen Kaiser zeugen soll und Großvater zweier weiterer deutscher Könige (der letztere auch als Kaiser) sein wird. Balduin wird aber alle Dargestellten überleben (seinen Bruder um 41 Jahre), und sein eines Lebenswerk, die Goldene Bulle, wird bis in die napoleonische Zeit überleben, sein anderes Lebenswerk, der Kurstaat, immerhin bis 1794, als Teil von Rheinland-Pfalz dann bis heute, und zwar mit den Hauptstädten von Oberstift (Trier) und Niederstift (Koblenz) neben Neustadt als zwei der drei Sitze der ADD-Verwaltungen/Bezirksregierungen in einem Bundesland, das nicht nur ein Drittel seines Wappens aus Balduins Lebenswerk bezieht, sondern in seinem keltischen (Trier) und lateinischen (Koblenz) und germanischen (Neustadt) Namen Rhein/Pfalz/Land noch ältere Traditionsstränge verwebt.

Der Romzug, finanziell unterstützt durch Balduin (Bild 6b), begann am 9.10.1310 in Bern, führte über Murten, Lausanne (11.10), Genf (13.10.), Chambéry, Montmélian, Aiquebelle, La Chambre, Modane, Lanslebourg, den Mont Cenis (7a), Susa (7b; 23.10.), Avigliana, Turin (30. 10.) Das mit vielleicht 5000 Kämpfern zu kleine Heer hatte große Schwierigkeiten, dem König den Weg durch Oberitalien nach Rom freizukämpfen, wo traditionsgeboten die Kaiserkrönung stattfinden sollte. Sicher auch aus dieser schmerzlichen Erfahrung heraus hat Balduin später in dem Rhenser Weistum von 1338 und seinem Zuarbeiten für die Festlegung der Goldenen Bulle von 1356 eine vom Papst unabhängige Kaiserkrönung in Deutschland, nämlich in Aachen, vorgesehen.

Nach anfänglichen Teilerfolgen (Krönung Heinrichs mit einer Nachschöpfung der eisernen Krone der Lombardei in Form eines Lorbeerkranzes am 6.1.1311) geriet der Zug ins Stocken: Bilder von Schlachten, Rechtssprechung und Belagerungen lassen das erahnen. Vor Brescia gab es dann mehrere wesentliche Ereignisse: Die Pest dezimierte das königliche Heer bei der fünfmonatigen und damit rufschädigenden Belagerung, und eine Hinrichtung und ein Tod im Kampf ragten aus den Ereignissen heraus.

❦ Bild 13b
Recht wird vollzogen an Theobaldo, dem Anführer von Brescia.

Bild 13b

Tebaldo de Brusati (in Norditalien, der Lombardei, dem 568 von den germanische Langobarden [Langbärten] eroberten Gebiet, dürfen germanische Namen nicht verwundern) war ursprünglich ein Parteigänger König Heinrichs gewesen, hatte sogar die Taufpatenschaft für einen seiner Söhne übernommen. Er hatte dann die Seiten gewechselt und galt nunmehr als Verräter. Bei einem Ausfall der Belagerten war er in Gefangenschaft geraten (14.6.1311). Der Versuch, diesen wertvollen Gefangenen, immerhin den Anführer der Belagerten, als Vermittler für eine Übergabe der Stadt zu gewinnen, scheiterte. Dann wurde ein Brief entdeckt, in dem Tebaldo die Belagerten zum Durchhalten aufforderte. Aus einfachem Verrat war Hochverrat geworden. Tebaldo wurde zum Tode verurteilt (2.7.1311).

Während die Justiz heute sehr stark in Kategorien von mildernden Umständen denkt, achtete die mittelalterliche Justiz mehr auf erschwerende Umstände, die sich einmal auf Verstärkung der körperlichen Schmerzen, aber auch auf eine Intensivierung der seelischen und symbolischen Demütigungen (auch als Abschreckung) bezogen. Schon die römische Justiz kannte als Herrschaftszeichen die fasces (Rutenbündel): die Axt der Hinrichtung, umwickelt mit den Ruten der vorhergehenden Züchtigung – oder, bei nichtrömischen Untertanen wie dem Juden Jesus, Geißelung, Dornen„krönung", Verhöhnung vor der Kreuzigung. Tebaldo sollte dem Urteil nach in eine Kuhhaut eingenäht und durch das Lager geschleift werden. Nach der Hinrichtung durch Hängen (und sicherlich nicht durch Herabstoßen von einer Standfläche mit schlagartigem Brechen des Genicks, sondern durch vorsichtiges Hochziehen als Einleitung eines langwierigen und qualvollen langsamen Erstickens) sollte der Verurteilte geköpft werden, damit man den Kopf zur Abschreckung weithin sichtbar aufspießen konnte. Die Eingeweide, bei hochgestellten Verstorbenen sonst ehrfürchtig getrennt vom Körper in einer dadurch ausgezeichneten Kirche bestattet, sollten, unter weithin sichtbarem Rauch und deutlich spürbarer Gestankentwicklung, verbrannt werden. Die Gliedmaßen sollten zuletzt, ebenfalls zur Abschreckung, gut sichtbar auf ein Rad geflochten werden (Schmid 2000).

Die Abbildung zeigt die verschiedenen Stadien der Hinrichtung als Simultanbild. Unten rechts wird der Gefangene (1) nicht kuhhauteingenäht geschleift, sondern (ähnlich demütigend) auf einem Ochsenkarren zur Hinrichtung gefahren. Er steht (2) nackt an einen Pfahl gebunden und wird (3) von glühenden Zangen an möglichst empfindlichen Körperteilen gezwickt. Da eine glühende Zange rasch abkühlt, sind mindestens zwei Zangen abwechselnd in Gebrauch, rechts wird eine abgekühlte in einem mit einem Blasebalg angefachten (Holzkohlen)feuer neu erhitzt. Ein Hängen wird nicht gezeigt, dafür aber das (4) Köpfen des betenden, also noch lebenden Verurteilten. Der hinrichtungsvertraute Zeichner zeigt ganz realistisch die fast mannshohe Länge des Richtschwertes (mit triefender Blutrinne) und die außerordentliche Verwringung der Gestalt des Henkers, der mit dem Rücken zum Verurteilten Schwung gewinnen muss, um sich dann zu drehen und den zunehmenden Schwung auf das Schwert zu übertragen, das er erst im letzten Moment, wenn er den Knienden erblickt, auf den Nacken zielt. Es ist dies schon die vierte Hinrichtung im Bild (daher Blut in der Blutrinne des Schwertes): Eine Leiche mit angelegtem Kopf, eine mit danebenliegendem Kopf und ein einzelner Kopf zeugen von der gewollt quälenden (5) Länge des Vorgangs: Der Anführer wird als Letzter geköpft, damit er Leiden und Tod seiner Leute, vielleicht sogar seiner Bekannten/Freunde möglichst lange miterlebt. Zuletzt wird (6) der Kopf auf einer von einem der Knechte gehaltenen Stange/Lanze aufgespießt. Die zwei abgehackten Beine links und die zwei abgehackten Arme rechts (7) sind in den Speichen von insgesamt vier Rädern eingeflochten, die, von der Stadtmauer von Brescia aus deutlich sichtbar, auf langen Stämmen (8) angebracht sind. Damit die Verteidiger nicht im Unklaren darüber gelassen werden, dass hier ihr Anführer ehrlos und qualvoll hingerichtet wurde, steckt über jedem Körperteil das Banner des Hingerichteten, wie es der Betrachter von Bild 13a aus der Schlacht, von der parallelen Schildbemalung verdoppelt, bereits kennt.

Nicht nur war die Hinrichtungsstätte in Sichtweite der Stadtmauer – die Stadtmauer war auch in Sichtweite des königlichen Heeres, das mitansehen musste, wie die Verteidiger ihre Gefangenen aus den Reihen des Reichsheeres vor den Augen der Belagerer erhängten.

Die Belagerung endete erst nach fünf Monaten (18.9.1311). Nach weiteren Ritten, Kämpfen und Belagerungen wurde Rom erreicht. Hierzu findet sich in 22b das für Balduin entscheidende Bild.

❦ Bild 22b
Im Kampf um Rom sterben Theobald, der Bischof von Lüttich, der Abt von Weissenburg, Petrus von Savoyen und viele (andere).

Die gesamte Bilderchronik umfasst ja 73 Einzelbilder, die ersten 14 davon behandeln Balduins Einführung als Bischof, Heinrichs Krönung und die Alpenüberquerung. Es folgt die Chronik des Feldzugs auf italienischem Boden: 29 Einzelbilder, dann Einzelbild 22b, dann wieder 29 Einzelbilder bis zur Bestattung von Kaiser Heinrich VII. als Schlussbild. Bild 22b ist also im italienischen Feldzug „zentral" (Kann 2000). Und das bestätigt sich im Bild, zumindest für Balduin, und für ihn ist die Chronik ja gezeichnet worden.

Das dezimierte Heer hat jetzt Rom erreicht (7.5.1312), kann aber nur einen Teil besetzen. Der Papst weilt ohnehin nicht in der Ewigen Stadt, denn 1309 hatte die „babylonische Gefangenschaft" der Päpste im französischen Avignon begonnen. Der Petersdom wurde von den Orsini und den Neapolitanern kontrolliert. Die mit Heinrich verbündeten Colonna beherrschten nur einen kleinen südöstlichen Teil der Stadt mit dem Lateran und Santa Maria Maggiore, aber selbst diese Verfügbarkeit war durch wochenlange Straßenkämpfe gefährdet.

Es kommt nun zu einem besonders heftigen Kampf zwischen den Gegnern. Es werden drei prominente Opfer genannt, von denen zwei dem geistlichen

Bild 22b

Stand (Bischof von Lüttich, Abt von Weißenburg) angehören – es darf also nicht verwundern, wenn noch mehr Kämpfer aus dem geistlichen Stand stammen. Gleichzeitig verweist die Nennung dreier wichtiger Mitkämpfer unter den Toten darauf, dass die Zahl der Toten ungewöhnlich hoch gewesen sein dürfte. Schon das Überleben eines solchen Kampfes war also eine Leistung. Für Balduin kommt es aber noch besser. Die Trierer kämpfen an vorderster Front, denn die Trierer Fahne ist an dritter Stelle zu sehen, sogar noch vor der Fahne mit dem Reichsadler.

Tatsächlich aber ist der Anführer der königlichen Streitmacht in diesem Augenblick Balduin selbst. Durch den Stechhelm ist dem Betrachter ein Blick auf Gesicht oder farbige Attribute wie eine grüne Kappe verwehrt. Hier sieht man sehr schön das in etwa parallele Aufkommen von identitätsverdeckender Ganzkörperrüstung und identifizierender Wappen. Balduin, der für die Positionierung und Gestaltung dieser Zeichnung als concepteur spürbar wird, hat dafür gesorgt, dass kein Betrachter die Identität des gewappneten Anführers übersieht! Alleine sechsmal verweist das trierische rote Kreuz auf weißem (silbernen) Grund auf den Anführer der Trierer, auf Balduin: leicht versetzte Fahne im Hintergrund, Schild, Schulter plus Brustteil des Waffenrocks und zweimal die Pferdedecke zeichnen die trierische Figur aus, die einen Großteil des Vordergrundes einnimmt und deren Helmspitze genau in die Bildmitte hineinkomponiert ist.

Es ist aber nicht aktionistisches Imponiergehabe, das Balduin prahlerisch an der Spitze des königlichen Heeres zeigt. Balduin, von Kopf bis Fuß in ein stählernes (blaues) Kettenhemd gekleidet, kämpft auch ganz handfest. Und zwar gegen den Anführer der Orsini, der dreifach als solcher durch ein (erfundenes) Bärenwappen (Orsini, abgeleitet von lat. ursus, Bär) gekennzeichnet wird: Schild, Waffenrock, Pferdedecke.

Balduin kämpft aber nicht nur, er kämpft auch erfolgreich. Gerade hat er dem gegnerischen Anführer den Stechhelm mit einem gewaltigen Schlag seines Langschwerts aufgeschlitzt und den Schädel gespalten, dass das Blut hervorquillt. Der Künstler hat also ganz zu Recht (gegen die historische Wirklichkeit) Balduin auf einem Schimmel, dem ikonographisch traditionellen Pferd des Siegers, antreten lassen (von Balduin handschriftlich korrigiert).

Machen wir uns für einen Augenblick einmal frei von unseren lobenswerten Vorstellungen zu den Aufgaben, die wir einem heutigen Bischof zumessen. Balduin hat, genau wie seine Zeitgenossen, solche Aufgaben nicht einseitig auf einen geistlichen Beruf beschränkt gesehen, sondern sich ganzheitlich als miles Christi, als Soldat oder Ritter Christi betrachtet. Er war ja als Grafensohn mit Sicherheit militärisch ausgebildet worden, erinnern wir uns nur, wie er einmal einen anreitenden Knecht samt Pferd mit bloßen Händen zu Boden gezwungen hatte. Balduin war zu unserm Zeitpunkt 27 Jahre jung, auf der Höhe seiner Kraft, und es ist verständlich, dass er von dieser militärischen Glanzleistung sein ganzes Leben gezehrt hat. Die Bilderchronik wurde im Palast (dem „Heidenturm" der durch eine Mauer gesicherten Apsis in der Trierer Basilika) aufbewahrt, wo Balduin jedem Besucher die Chronik zeigen konnte (möglicherweise verstärkt von entsprechenden Wandbildern). Welch lebhaftes Interesse er natürlich gerade für dieses Bild entwickelte, zeigt sich daran, dass Balduin es mit handschriftlichen Anmerkungen versah. Die Korrekturen (sine pileo, equus niger = ohne Stechhelm, schwarzes Pferd) verraten, dass sich viele Einzelheiten dieses Kampfes unauslöschlich in sein Gedächtnis eingegraben hatten, so dass er rund zwanzig Jahre später solche Details noch abrufen und auch korrigieren konnte.

Bezeichnenderweise hat Balduin, und auch hier meint man, ihn als concepteur zu spüren, von dieser aufsehenerregenden Tat im Text kein Wort erwähnen lassen. Auf dem Hintergrund prominenter Toten leuchtet das (siegreiche) Überle-

Bild 23b

ben ohnehin umso lebhafter hervor. Die scheinbare Demut des schüchternen Verschweigers ist natürlich gar keine, sondern lediglich eine rhetorische Demutsgeste, die durch beredtes Verschweigen den Ruhm Balduins nur noch selbstbewusster und sittlich veredelt in die Welt hinaustragen soll. Hier sagt das Bild tatsächlich einmal mehr als tausend Worte.

Und das nächste sagt fast noch mehr aus, denn kaum hat Balduin den gegnerischen Angreifer besiegt, reitet sein Bruder, noch mit der Königskrone, scheinbar unbestritten und feierlich zum Lateran, seit Constantins Zeiten die Kirche des (abwesenden) römischen Bischofs und Papstes. Ort und Tag sind stark symbolisch angereichert. Heinrich, der Luxemburger, und Balduin, der Luxemburger und Neu-Trierer, sind, wie Constantin (der 312 schon sechs Jahre in Trier residiert hatte) über die Alpen und durch Norditalien (Constantin freilich rascher, geschickter, erfolgreicher) nach Rom gezogen, Heinrich und Balduin dabei über die Milvische Brücke (Bild 19b: TRANSIT PONTI MOLE), wo am 28.10.312 Constantin seinen Gegner Maxentius (also genau 1000 Jahre zuvor) und dessen kaiserliche Garde besiegt hatte, so dass Constantin die Reste dieser Garde ganz auflösen und deren Kaserne für den Bau der Lateransbasilika stiften konnte, wo eben jetzt König Heinrich VII. zum römischen Kaiser (und damit in der indirekten Nachfolge Constantins) gekrönt werden wird. Leider nicht in der anderen Großkirche Constantins, in Alt-St. Peter, aber wenn man schon nicht die richtige Kirche haben konnte (dort saß der Gegner), dann wenigstens die zweitbeste, und dann auch am richtigen Tag: Peter und Paul. Und das hatte wiederum vielfältige Trierer und Luxemburger Beziehungen, denn Balduin war der 31. Nachfolger des angeblich vom ersten Bischof Roms und Apostelfürsten Petrus (Festtag: 29.6.) ausgesandten ersten Trierer Bischofs St. Eucharius. Damit war der 29.6. einer der höchsten Feiertage des Bistums, der natürlich auch für Luxemburg als Teil des Trierer Bistums galt und heute noch in Trier der Tag der darum gruppierten Peter-und-Paul-Messe (und damit Teil des Altstadtfestes) ist. Auch Balduins Kirche war (wie Alt-St. Peter im Ersten Rom) eine Kirche St. Peter, nämlich die Trierer Hohe Domkirche, die wiederum Namensgeber für viele Trierer und Luxemburger (wie etwa Peter von Aspelt) war, während St. Johannes im Lateran an den in Böhmen verbliebenen Johannes erinnerte.

❦ Bild 23b
Er wird von drei Kardinälen zum Kaiser gekrönt.

Wieder sitzt der Kaiser (auf einem Faltstuhl mit Löwenfüßen und Löwenköpfen) im Mittelpunkt und hält das überlange Lilienzepter in der Rechten, während er den Zeigefinger der Linken zeremoniell in die Tasselschnur verhakt. Alle anderen müssen stehen, auch die drei durch ihre rot (purpur!) ausgezeichneten Kardinalshüte hervorgehobenen Kardinäle (der Text erweist die Dreizahl als faktisch und nicht nur symbolisch – eine etwas kümmerliche Zahl). Die Kardinäle haben Heinrich gerade die Kaiserkrone mit Bügel (eine Ersatzanfertigung) aufgesetzt und berühren die Krone gleichzeitig. Balduin (heraldisch rechts von seinem Bruder) verfolgt mit 15 barhäuptigen Edlen und Gewappneten die (hier im Freien angesiedelte) Szene.

Dies ist der Höhepunkt (wenn auch nicht das Ende) der Chronik. Nach unsäglichen Mühen und nach fast zwei Jahren (23.10.1310–29.6.1312) ist Heinrich endlich Kaiser geworden. Seine Frau Margarethe ist gestorben, sein Bruder Walram, zahlreiche Mitstreiter (und Gegner) ebenfalls, aber er ist Kaiser.

In der von Balduin in die Wege geleiteten Goldenen Bulle wird ein neuer und einfacherer Weg für die Kaiserkrönung gefunden werden.

Statt nach der Kaiserkrönung direkten Wegs über die Alpen „nach Hause" zu streben, verwickelt sich Heinrich auf dem Rückweg in zahlreiche Kämpfe, Belagerungen und Zerstörungen, bei denen sich auch Balduin auszeichnet, der dann nach Hause zurückkehrt, um neues Geld zu beschaffen.

Noch in Bild 34b war Kaiser Heinrich VII. als zentraler Zuschauer bei einem Ritterturnier zu sehen gewesen. Bild 35b zeigt ihn beim Aufbruch nach Neapel am 8.8.1313, wobei das Heer durch das Stadttor in eine bedrohlich schwarze Nacht aufbricht (Heyen 1985); das nächste Bild präsentiert den ironischerweise Buonconvento (gute Zusammenkunft [zweier Flüsse]) genannten Todesort des am 24.8.1313 wohl an Malaria gestorbenen Heinrich.

❦ Bild 37
Kaiser Heinrich VII. wird in Pisa im Jahre des Herrn 1313, am zweiten Tag des Septembers, begraben. Betet/bittet für ihn.

Das letzte Blatt der Chronik enthält, seiner Wichtigkeit gemäß, das einzige großformatige Bild. Dargestellt wird eine idealisierte Ansicht. Der vollständige Leichnam des Kaisers ruht in einem von kauernden Löwen (Luxemburger Wappentier) getragenen Sarkophag auf zwei stützenden Kopfkissen. Auf dem Haupt sitzt die kaiserliche Bügelkrone, die Hände stecken in langen Handschuhen, ein pelzverbrämter Kragen schließt den langen, fußüberdeckenden Mantel ab, der im Halsbereich durch eine Mantelschließe in Vierpassform zusammengehalten wird. Über dem Sarkophag befindet sich ein Zelt, auf dessen Spitze der Reichsadler sitzt, flankiert von den Löwenwappen von Luxemburg (heraldisch links) und Böhmen (heraldisch rechts). Zwei Engel heben die Zeltbahnen an, um den Kaiser im vollen Ornat (allerdings ohne Zepter und Reichsapfel, die dem Sarg aber beigegeben waren) zu zeigen. Ein dritter Engel in der Mitte schwenkt ein Weihrauchfass, um den hochgestellten Toten zu beweihräuchern und für geruchsüberdeckend süße Düfte zu sorgen.

rechte Seite:
Bild 37

Heinrich VII. war nämlich im August auf der Höhe der Sommerhitze gestorben und wurde erst neun Tage später in Pisa begraben (2.9.1313). Um den Toten wegen des Leichengestanks überhaupt nach Pisa (Bild 36a) überführen zu kön-

Henr̄. Imꝑator. vij. sepelit Pysis. āno dñi. M. ccc. xiij. ii. die Septembris. orate p eo.

nen, hatte man nach dem Zeugnis von Albertinus Mussatus den Leichnam des Kaisers nachts verbrannt (die Sargöffnung am 26.9.1921 bestätigte das ebenso, wie diese die Anwesenheit von Zepter, Reichsapfel und Krone bewies).

Als Kaiser hatte Heinrich VII. seine Heimat nie betreten.

Beim Antritt der Romfahrt im Spätherbst 1310 war das Haus Luxemburg auf einem scheinbar unbestreitbaren Höhepunkt seiner Macht gewesen. Luxemburg stellte einen jungen König (32 Jahre), der auf seinem Weg zur Kaiserkrönung war. Mit den Kurstimmen von Mainz (luxemburgischer Ministeriale Peter von Aspelt als Erzbischof), Trier (Heinrichs Bruder Balduin als Erzbischof) und Böhmen (Heinrichs Sohn Johann als König von Böhmen) hielt Luxemburg drei der sieben zu erwartenden Kurstimmen fest in der Hand. Und bei einem möglichen späteren Tod Heinrichs standen mit Heinrichs Bruder Walram und Heinrichs Sohn Johann cäsarobile Kandidaten zur Verfügung, später vielleicht auch weitere Söhne aus der Ehe mit Margarethe. Mit Margarethes Tod war diese letztere Möglichkeit verlorengegangen. Mit Walrams Tod war zudem ein aussichtsreicher Kandidat ausgefallen. Balduin war Geistlicher. Der namenlose Bastard war aus gesellschaftlichen Gründen nicht kandidaturfähig. Und durch den frühen Tod des inzwischen 35-jährigen Kaisers war dessen 17-jähriger Sohn Johann aus Alters- und vielleicht anderen Gründen nicht wählbar.

Heinrichs Romreise führte also das Haus Luxemburg zu höchstem Ruhm.

Und in der Schlussphase in die Katastrophe.

Balduin wäre jedoch nicht Balduin gewesen, wenn er nicht für sich und, mit einer Zeitverzögerung von 33 Jahren, auch für seine Luxemburger Familie in der Folge das Beste daraus gemacht hätte.

Balduinbrücke
in Koblenz

Balduin als geistlicher Herr

Balduin erweckt bei uns den Eindruck, er habe sich auf die (politischen) Probleme des Kurstaats bei gleichzeitiger Vernachlässigung der (kirchlichen) Probleme des Erzbistums konzentriert. Aber abgesehen davon, dass ein gesundes kirchliches Gedeihen auch vom politischen Frieden und Einheitsdenken abhängt, dass Seelenheil und leibliches Heil vielschichtig miteinander zusammenhängen, dass etwa ein lebhaftes Pilgerwesen auch auf das Vorhandensein von Straßen und Brücken (Balduinbrücke in Koblenz!) und die Abwesenheit von Straßenräubern aufbaut – Balduin hätte unsere Bedenken gar nicht verstanden, da er seine schier unerschöpfliche Tatkraft auch intensiv dem religiösen Bereich widmete. Wenn er keine andere Kirche als die großartige Liebfrauenkirche in Oberwesel gefördert und weitestgehend abgeschlossen hätte, wäre allein das schon ein Ruhmesblatt in seinem fortwährenden Andenken in der Trierer Bistumsgeschichte geworden.

In Trier gehen offenbar der Bau der Osttürme des Doms, die Hochziehung der vier Untergeschosse der Marktkirche St. Gangolf (1344), der neue Kreuzgang und das Kapitelhaus (1338 von Balduin persönlich geweiht) des Trierer Karmeliterklosters, die vorläufige Vollendung von Mittelschiff und nördlichem Seitenschiff der Dreifaltigkeitskirche der Franziskaner (heute: Jesuitenkirche) sowie der Bau von Chor und Apsis der Augustinerkirche auf Balduin zurück, wobei dessen solide Finanzpolitik sicherlich auch einen unverzichtbaren Anteil an der Realisierung der Projekte hatte.

Im Erzbistum wurden unter Balduin ein Teil der Kirche des Andernacher Franziskanerklosters und der Chorbau der Koblenzer Stiftskirche St. Florin gebaut. Der Weiterbau der eleganten Wernerkapelle in Bacharach und der Stiftskirche in Kyllburg, das Paradies der Stiftskirche St. Martin und St. Severus in Münstermaifeld (Balduin stiftete am 5.1.1323 als eine von vier Stiftungen einen Altar in der Nikolauskapelle des Westturms) sowie die Vollendung des Dachstuhls und die

Anbringung des Turmhahns gehen auf Balduin zurück. Beteiligt war Balduin auch am Westwerk der Stiftskirche St. Marien in Wetzlar, dem Neubau des Chores der Abteikirche in Rommersdorf/Neuwied (Balduin konsekrierte den Hochaltar am 11.9.1351 persönlich), dem Westbau der Kirche des Oberweseler Franziskanerklosters und der Oberweseler Spitalkirche St. Werner sowie der Errichtung des Chors der Bopparder Karmeliterkirche (Ronig, 1985, S. 491–497).

Waren dies noch Teilarbeiten und Weiterführungen von bereits Begonnenem, so leitete Balduin auch Neubauten in die Wege: die Kartausen in Koblenz (ab 1330) und Trier (1330/31 – einen Teil der Kirche weihte er 1340 selbst), die Mayener St.-Clemens-Kirche, den Beginn der Wendelinusbasilika in St. Wendel, die Saalkirche der Zisterzienserkirche St. Katharinen bei Linz am Rhein, die Stiftskirche St. Martin in Oberwesel sowie St. Anna in Steeg (Ronig 1985, S. 497–500).

Als Bischof musste Balduin viele Kirchen (auch den Hauptaltar der Oberweseler Liebfrauenkirche dürfte er persönlich konsekriert haben; nachweislich auch die Predigerkirche in Luxemburg am 18.10.1340), Kapellen und Friedhöfe konsekrieren, zu Ostern das Chrisam für das ganze Jahr bereiten, die Firmung spenden, Glocken weihen, Jungfrauenweihungen, Tonsuren sowie höhere Weihen von Klerikern, die Rekonziliation der Büßer in den dem Bischof vorbehaltenen Fällen sowie die Segnung der Kelche und anderer vasa sacra durchführen. Natürlich wurde Balduin bei bestimmten Aufgaben von hochrangigen Klerikern (neben den Bischöfen Wolfram von Fleckenstein/Würzburg und Hartung, Titelbischof von Macri, vor allem vom ersten Trierer Weihbischof im eigentlichen Sinne, Daniel von Winterich) unterstützt.

Eine besondere Leistung Balduins war die Einberufung einer Provinzialsynode im Trierer Dom im April 1310. Am 28.4. wurden die erarbeiteten Statuten veröffentlicht, die, wie bei Balduin nicht anders zu erwarten, eine tiefgehende Kenntnis des kanonischen Rechts, das er an der Sorbonne studiert hatte, verraten. Für den heutigen Leser mögen einige Bestimmungen besonders aufschlussreich für die damalige Zeit sein, so, wenn noch einmal ausdrücklich angemahnt wird, keine Gerichtsverhandlungen, lärmende Versammlungen, Märkte, Spiele, Tanz oder Gesang auf Friedhöfen durchzuführen. Das zähe Weiterleben heidnischer Vorstellungen zeigt sich in Bestimmungen, die es verbieten, beim Kräutersammeln Lieder und Zauberformeln zu gebrauchen – stattdessen solle man das Vaterunser und das Glaubensbekenntnis beten; auch dürften Frauen nicht behaupten, sie ritten in nächtlicher Stunde mit der Diana oder mit der Herodias über das Land.

Balduinbrunnen

Wendelinusbasilika
in St. Wendel

Balduin und die Reichspolitik

Balduin hatte seinen noch lebenden Bruder in Pisa, wo dieser sich mehrere Monate aufhielt, verlassen, war am 18.3.1313 von Genua aus mit dem Schiff abgefahren und erreichte nach der Durchquerung der Lombardei und der Überquerung der Alpen nach nur 48 Tagen am 5.5. Trier. Seinen Bruder hat er nie wieder gesehen, denn dieser starb bereits am 24.8.1313. Nach diesem Verlust war für Balduin eine merkwürdige Situation eingetreten. Er war immer der Nachgeborene, der dritte Sohn, gewesen, dem deshalb nur die kirchliche Laufbahn offengestanden hatte. Jetzt war er, da ja auch sein Bruder Walram, der nach allgemeinem Urteil schönste Ritter seiner Zeit, am 26.7.1311 (Romfahrt, Bild 14a) tödlich verwundet worden war, plötzlich der „Älteste", der Einzige, der dann auch die Mutter zu trösten hatte, die zu den Schwestern des Dominikanerordens in Luxemburg zog (gestorben am 11.3.1320). Ohne seine höheren Weihen wäre Balduin ein aussichtsreicher Kandidat bei der anstehenden Königswahl (und ein sicherlich ausgezeichneter König/Kaiser) gewesen. Balduin mag viel darüber gegrübelt haben, dass ihm diese Weihen das höchste politische Amt versperrten – aber er ist seinem geistlichen Gelöbnis, wie seinen vielen anderen Selbstverpflichtungen, treu geblieben. Dabei war die Situation noch nie so gut für einen Luxemburger Kandidaten gewesen, denn von den sieben Kernstimmen waren jetzt drei in den Händen von Luxemburgern: seine eigene Stimme (Kurtrier) oder die eines Nachfolgers von u. a. seinen Gnaden, die Stimme des Luxemburger Dienstmanns Peter von Aspelt (Kurmainz) und die Stimme des Königs von Böhmen (Heinrichs Sohn Johann). Dieser Johann wäre auch ein Kandidat für die Königswürde gewesen, doch die anderen Kurfürsten verwiesen zu Recht auf dessen Minderjährigkeit (er war erst 17), und Balduin erkannte, dass Johann zwar familientreu, aber emotional und kampfbegierig und als Herrscher zu ungeschickt war.

Der französische König Philipp IV. wollte die Thronfolge und wäre ein energischer König gewesen, hätte aber seine Position dazu nutzen können, die Interessenssphäre Frankreichs auszuweiten. Für Frankreich überraschend (Balduin war ja lange in Paris gewesen und hatte französische Künstler, Schreiber und Juristen an seinem Hof) schob Balduin diesem Ansinnen einen Riegel vor. Die Habsburger wiederum hatten ihren eigenen Kandidaten Friedrich den Schönen von Österreich. Dem setzte die „Luxemburger Gruppe" als Kandidaten Ludwig den Bayern entgegen. Nach der „Handsalbung" (versprochene Belohnung, „Bestechung") für Balduin am 20.9.1314 kam es am 19.10. auf der linken Mainhälfte Frankfurts zur Wahl von Friedrich (vier Stimmen, davon zwei umstritten), am folgenden

Burg Balduinstein an der Lahn

Tag auf der rechten Mainhälfte zur Wahl von Ludwig mit fünf unumstrittenen Stimmen. Da das Mehrheitsprinzip erst in der Goldenen Bulle von 1356 (der in der Vorbereitung federführende Balduin verarbeitete hier seine traumatischen Erfahrungen von 1314!) festgeschrieben wurde, hatte man eine legitime Doppelwahl. Beide „Könige" ließen sich am gleichen Tag krönen: Ludwig mit relativ neuen Insignien am richtigen Ort (Aachen) vom falschen Bischof (dem Mainzer), Ludwig mit den traditionellen Insignien am falschen Ort (St. Cassius/Bonn) vom richtigen Bischof (Köln).

Damit folgte der Doppelwahl und der Doppelkrönung ein Bürgerkrieg, der erst 1322 mit Friedrichs Niederlage und Gefangennahme bei der Schlacht von Mühldorf endete. Balduin hatte seine Wahldienste fürstlich belohnt bekommen: die Städte Münstermaifeld und Cochem (mit Öffnungsrecht für den König); die volle (statt der bisher nur lokalen) Gerichtsbarkeit; die Erlaubnis, überall Münzen schlagen zu lassen; Zoll (neben Koblenz) in Boppard und Oberwesel, 10.000 „Mark" (= 233,8 g) Silber; die Erlaubnis, alle an ihn verpfändeten Reichsgüter auch einzulösen. Dafür hielt Balduin Ludwig unbedingte Treue, half diesem zum Beispiel auch 1316 persönlich bei der Sprengung des Belagerungsrings von Esslingen, wo Balduin seinen Neffen Johann eigenhändig zum Ritter geschlagen haben soll.

Balduin war auch im gleichen Jahr mit seiner Streitmacht am 26.3. in Prag eingezogen, wo am 14.5. König Johanns Frau Elisabeth den Sohn Wenzel gebar, der von Peter von Aspelt getauft wurde und dreißig Jahre später (von Balduin gewählt, der damit drei deutsche Könige kürte) gegen Ludwig neuer König des regnum teutonicum wurde und als Karl IV. (Prager Karlsbrücke) in die Geschichte einging.

1320 starb Peter von Aspelt. Balduin, der schon fünfzehn Jahre zuvor Erzbischof von Mainz hatte werden wollen, wurde jetzt einstimmig vom Mainzer Domkapitel gewählt, doch Papst Johannes XXII. lehnte den kaisertreuen Intimfeind Balduin ab. Balduin gehorchte und führte am 13.12.1321, sicherlich mit gemischten Gefühlen, den neuen Erzbischof Matthias in Mainz ein. Seine eigene Zeit sollte noch kommen!

Inzwischen lenkte er seine Energien wieder in die Kanäle Burgenbrechen (Kastellaun im Hunsrück, wo die dortige Gräfin nach der Einrammung des Burgtores Balduin – erfolgreich – in einem dramatischen Gnadenappell ihre Kinder entgegenhielt) und Burgenbauen (Balduinstein an der Lahn auf Westerburger Gebiet gegen die Grafen von Westerburg).

Auch auf der anderen Rheinseite schlug Balduin Widerstand entgegen. Anders als Oberwesel (wo man offenbar Balduins Unterstützung des Baus der

Liebfrauenkirche schätzen gelernt hatte) wollte die ehedem freie Reichsstadt Boppard nach der kaiserlichen Verpfändung und Balduins Auslösung den neuen Herren nicht anerkennen. Die Auseinandersetzungen um einen Friedensbrecher, den die Bopparder selbst verurteilen wollten, eskalierte zu einer vom Mainzer Erzbischof unterstützten Belagerung (erstmals mit Kanonen und Schießpulver?) Ende September 1327, die mit der Erstürmung und Unterwerfung der Stadt endete.

Wieder einmal hatte Balduin triumphiert.

Demütigung durch Loretta von Starkenburg

Auch ohne moderne Medien muss sich Anfang Juni 1328 eine unglaubliche Nachricht reiterschnell von der Mittelmosel nach allen Seiten ausgebreitet haben – selbst in einer Baseler Chronik ist sie vermerkt: Eine junge Gräfin, die verwitwete Loretta von Starkenburg, hatte den mächtigsten und reichsten Fürsten des regnum teutonicum, Balduin von Luxemburg, Erzbischof und Kurfürst, gefangen nehmen lassen.

Wie kam es dazu?

Im Zuge der Versuche, den Kurstaat flächenmäßig möglichst an das Erzbistum anzupassen, war Balduin in der Nähe von Birkenfeld in der üblichen Weise vorgegangen, in diesem Teil des Erzbistums, der jedoch als sponheim-starkenburgische Grafschaft nicht zum Kurstaat gehörte, im Geheimen eine Burg bauen zu lassen. Das war ein illegaler Akt, der aber machtpolitisch vielversprechend schien, denn Lorettas Mann war im Oktober 1323 gestorben. Ihre drei Kinder waren alle noch minderjährig, die 29jährige Witwe, Tochter des Grafen von Salm, schien ein politisches Leichtgewicht zu sein. Eine kleine Warnung gab es da freilich schon, denn Loretta hatte während einer Auseinandersetzung mit dem Wildgrafen Friedrich von Kyrburg diesen 1327 kurzentschlossen gefangen nehmen lassen. Balduin war mit der Angelegenheit vertraut, war er doch Lorettas Berater und siegelte später beim Schiedsspruch vom 1.12.1329 die Urkunde mit.

Ende Mai/Anfang Juni 1328 stand eine Rechnungsablegung in Koblenz an, und Balduin wollte danach wohl rheinaufwärts nach Rhens zu einer wichtigen Kurfürsten-Besprechung. Eine Schiffsreise, selbst über die 190 km der mäanderreichen Mosel, war der kürzeren Landreise über schlechte Straßen unbedingt vorzuziehen. Freilich gab es eine Schwierigkeit. Das Kröver Reich, seit 1274 sponheimischer Einflussbereich, trennte Oberstift von Niederstift. Auf dem Fluss stand dem Erzbischof aber durchgehend freie Fahrt zu, und auch der Leinpfad

Ruine Starkenburg über dem Prallhang der Mosel

auf beiden Seiten unterstand seiner Gerichtsbarkeit. Entgegen seiner gewohnten Vorsicht verzichtete Balduin also auf einen aufwändigen bewaffneten Schutz.

Nach dem Passieren von Trarbach und Traben mag es Balduin dann doch etwas mulmig geworden sein, denn jetzt tauchte rechterhand hoch über dem steilen Prallhang die Starkenburg auf. Allerdings würde die heftige Strömung das Schiff rasch an einigen leeren Nachen vorbei durch das Kröver Gebiet tragen, und dann ging es gefahrlos …

Da aber rauschte das Wasser auf, Fässchen durchbrachen unheildrohend die Oberfläche, Kettenteile wurden sichtbar. Balduin wusste nur zu gut, was das verhieß, besaß er doch in Cochem am Zoll eine ähnliche Vorrichtung: Wollte ein Schiff sich am Zoll vorbeistehlen, brauchten ein paar Kriegsknechte nur über eine Winde eine mit leeren Fässchen fast gewichtslos gemachte und am Moselboden liegende Kette straff zu spannen, um dem Schiff den Weg zu blockieren.

Genau das geschah hier: Die Kette hielt das Schiff an, die leeren Nachen hatten sich plötzlich mit aufgesprungenen Bewaffneten gefüllt, die Balduin und seine kleine Gruppe von Verwaltern gefangen nahmen.

Balduin wird wütend gezetert und auf seine kirchliche Immunität verwiesen haben, aber der Mitbelagerer italienischer Städte und einheimischer Burgen wusste nur zu gut, dass die Starkenburg höchstens auszuhungern war und er während einer Belagerung zeitweise gefährdet, aber andauernd gedemütigt sein würde. Man konnte ihn sogar als Schutzschild an die Zinnen binden. Es kam also darauf an, mit Loretta zu verhandeln, und das würde bei ihrer jetzt bewiesenen Entschlossenheit teuer werden.

Dennoch: Balduin musste seine Handlungsfreiheit wiedergewinnen. Den Rhenser Termin würde er abschreiben müssen, die Koblenzer Abrechnung würde streng, aber kurz ausfallen, jedoch bot jeder Tag Freiheit auch Möglichkeiten zu neuen vorteilhaften und gewinnbringenden Abmachungen. Sei's also drum um das Lösegeld!

Und – Balduin hatte einen zwingenden Vorteil auf seiner Seite. Er muss rasch erkannt haben, dass Loretta bei aller wilden Entschlossenheit und Kühnheit eine treue Tochter der Kirche war. Sie wollte das Vermächtnis ihres offenbar geliebten Mannes und das Erbe ihrer Kinder verteidigen, aber sie wollte auch an der Seite ihres Mannes in Himmerod begraben werden (was später geschah). Durch ihren Übergriff auf einen kirchlichen Würdenträger musste sie dem Kirchenbann verfallen, was ein Grab in ungeweihter Erde nach sich zog. Vom Kirchenbann konnte sie aber nur der Papst lösen – auf Bitten des Opfers, eben Balduins.

Schon am 9.6.1328 hatte das Domkapitel eine Verhandlungsdelegation gebildet, um Balduins Befreiung auszuhandeln.

Loretta stellte sich natürlich zuerst einmal stur. Sie war in der Lage eines Ringers, der einen übermächtigen Gegner fest im Griff hatte – bevor der Griff auch nur gelockert wurde, waren alle Vergeltungsmöglichkeiten auszuschalten. Loretta musste also einen umfangreichen Sühnespruch aushandeln, der Folgendes juristisch hieb- und stichfest bestimmte: 1. Balduin musste auf die Ausdehnung des Kurstaates auf Lorettas Gebiet bindend verzichten; 2. die begonnene Burg abreißen lassen oder übergeben; 3. einen Fehdeverzicht versprechen; 4. Lösegeld zahlen; 5. die Zahlung dieses Lösegelds durch Pfänder absichern; 6. Lorettas Lösung vom Kirchenbann betreiben.

Lorettas Verhandlungszähigkeit lässt sich daran ablesen, dass Balduins Haft rund sechs Wochen dauerte und die Verhandlungen etwa vier Wochen in Anspruch nahmen. Nun ist das Zusammensein zweier tatkräftiger Menschen beiderlei Geschlechts im besten Alter (Loretta war 29, Balduin 43) auf engstem Raum in wunderbaren Monaten des Frühsommers in einer bezaubernden Landschaft dazu angetan, die Phantasie zu beflügeln, und viele Sagen, Gedichte, Novellen, Romane und Theaterstücke haben Liebesgeschichten zwischen dem spröden Kirchenfürsten und der jungen Witwe gesponnen.

Viel aufregender erscheint aber der verhandlungstaktische Ablauf zu sein. Man stelle sich die beiden Partner vor: den kampferfahrenen und entscheidungsfreudigen Balduin, wie ein muskelbepacktes Raubtier im engen Käfig, klein, giftend, zur nervtötenden Untätigkeit verdammt. Auf der anderen Seite die stolze Gräfin, wie eine Tigerin entschlossen, das Revier ihrer Familie und das Erbe ihrer Kinder zu verteidigen, mit der Aussicht, sich kühn durchzusetzen oder kläglich unterzugehen.

Wir Heutigen können nicht Mäuschen spielen und die einzelnen Schachzüge der Verhandlungen miterleben, aber Zeitrahmen und Vertragseinzelheiten gewähren schon einen kleinen nachträglichen Einblick.

Bereits die lange Zeit spricht für ein zähes Ringen zwischen dem Top-Juristen Balduin und der offenbar hochintelligenten und juristisch bestens beratenen Gräfin – Balduin mag weniger Zuneigung als Bewunderung für Loretta gefühlt haben, auch Lust darauf, eine solche lehnsrechtlich verpflichtete Top-Burggräfin in seine Verwaltung einzubauen. Dann wiederum wird er sie verflucht haben, vor allem wenn sie ihn wieder einmal untätig schmoren ließ. Erzwungene Ohnmacht und grenzenlose Langeweile gehörten mit zur Verhandlungsführung, wenn wir die vier Wochen Verhandlungsdauer in Betracht ziehen. Entsprechend drastisch werden Balduins Ausbrüche und ständigen Hinweise auf Lorettas Kirchenbann und ihr verwirktes Seelenheil gewesen sein.

Kopien mittelalterlicher Schachfiguren

Von Burggrabungen wissen wir durch die Funde von Spielsteinen und Schachfiguren von einem überaus beliebten Zeitvertreib – es dürfte keine Burg ohne solche geistreichen Spiele gegeben haben.

Und so ist es reizvoll, sich Balduin oder Loretta oder auch beide zusammen beim schachzabelspil vorzustellen, einem Kampfspiel mit einem „Bischof" (heute: Läufer) oder einem „König" und einer „Dame", die versucht, den „Bischof" zu schlagen oder den König „schachmatt" (= der König/Schah ist tot) zu setzen.

Die Verhandlungen wurden von einer Gruppe hochrangiger Mitglieder des Domkapitels betrieben, in der sich auch der Archidiakon Boemund von Saarbrücken, der spätere Nachfolger Balduins, befand. Balduin wird natürlich Vorgaben erstellt und seine nachträgliche Zustimmung zu den Entwürfen von Klauseln unabdingbar gemacht haben.

Die in vier Wochen ausgehandelten und von den Vertretern des Domkapitels gutgeheißenen und verbürgten Punkte sind in zwei überaus komplexen Urkunden vom 7. und 8. Juli niedergelegt. Balduin musste den angefangenen Burgenbau bei Birkenfeld Loretta überlassen. Darüber hinaus musste er versprechen, nie wieder im Einflussbereich der Gräfin oder deren Nachfolger einen neuen Burgenbau zu versuchen. Weiterhin musste er aus seinem Einkommen aus dem Birkenfelder Bereich das trierische Lehen Lorettas und ihrer Kinder aufstocken. Die Abhängigen beider Vertragspartner sollten weder mit Gewalt übernommen oder überhaupt aufgenommen werden, sondern sollten gemeinsam dem jeweiligen Vertragspartner gegen Dritte beistehen außer gegen den Papst, den Kaiser bzw. gegen einige namentlich genannte Fürsten. Auch an ihren Vater hatte Loretta gedacht: Balduin sollte den Grafen von Salm in seinem Rechtsstreit gegen die Hunolsteiner unterstützen, allerdings nur nach Maßgabe der Lehnsabhängigkeit der Hunolsteiner gegenüber Balduin. Balduin verpflichtete sich, weder Bann noch Interdikt gegen Loretta oder ihre Kinder auszusprechen.

Das alles war natürlich nur ein Vorgeplänkel gegenüber dem ausgehandelten Lösegeld. Wenn man die Pfandsumme von 12.000 „Pfund" Silbermünzen für die zwei wichtigen Reichsstädte Boppard und Oberwesel als Vergleich heranzieht, kann man das ausgehandelte Lösegeld für einen einzelnen Gefangenen nur „außerordentlich" nennen: 11.000 „Pfund" Heller, abgesichert durch eine Strafzahlung von 30.000 „Pfund" Silber im Falle der Nichterfüllung des Vertrags, was dann wiederum abgesichert war durch die Verpfändung der Burgen Cochem, Bernkastel und Manderscheid (Rosenberger 2007).

Bezeichnenderweise war die Lösegeldsumme nicht in Balduins kurtrierischem Geld berechnet – auch hier zeigt sich Lorettas Geschäftstüchtigkeit oder

Burg Landshut in Bernkastel

zumindest ihre gute Beratung. So viele Trierer Pfennige/Doppelpfennige (nämlich 2.640.000 Pfennige) wären wahrscheinlich gar nicht auftreibbar gewesen, zumal ja unter Balduins Vorgänger Dieter von Nassau in Kurtrier überhaupt nicht geprägt worden war (der Schatzfund von 2008 in der Trierer Liebfrauenkirche von 562 Silbermünzen aus der Zeit Dietrichs enthielt typischerweise fast nur Münzen aus Frankreich und England). Darüber hinaus waren die unter Balduin bis 1336 in Trier geschlagenen Pfennige (0,3 g) und Doppelpfennige (0,6 g) leichtgewichtig, da Silber praktisch nur über die trierischen Zollstellen hereinkam.

Die unten abgebildeten Heller (Händelheller: Hand auf der Vorder-, Gabelkreuz auf der Rückseite; Reichsmünzprägestätte Schwäbisch-Hall) wiegen dagegen 0,6 bis 0,7 g und hatten längere Zeit (neben Kupfer) einen gleichbleibenden Feingehalt von 0,5 g Silber. „Pfund" war zu Balduins Zeit schon kein Gewicht

(Pfund zu 467,7 g) mehr, sondern eine Rechnungseinheit von 240 Pfennigen (= 1 Goldgulden), also höchstens 168 g Gesamtgewicht bei höchstens 120 g Silberanteil. Aber selbst damit waren 11.000 „Pfund" Heller (oder 11.000 Goldgulden) immer noch 2.640.000 Silbermünzen im Gesamtgewicht von 1.840 kg bzw. 1,84 Tonnen und einem reinen Silberanteil von 1,32 Tonnen. In der silberarmen Zeit des Mittelalters vor den reichen südamerikanischen Silberfunden waren 26,4 Zentner reines Silber eine unvorstellbare Menge. Wenn ein einfacher Ritter (der ja eine Rüstung, mindestens zwei große Kriegspferde, Knechte und einen gehobenen Lebensstandard für eine Familie zu bezahlen hatte) im 14. Jahrhundert über 8 bis 15 „Pfund" Silber Jahreseinkommen verfügen musste, dann kostete Balduins anfänglich vereinbartes Lösegeld das Tausendfache eines solchen gehobenen Jahreseinkommens!

Vorderseite Doppelpfennig: BA – LD – VIN

Mit 4000 „Pfund" für zusätzliche Entschädigungen zahlte Balduin schließlich sogar 15.000 „Pfund" Lösegeld!

Man meint, die Zähigkeit der Verhandlungen auch in der Zahl von 11.000 „Pfund" Hellern gespiegelt zu sehen. Loretta dürfte mit einer Forderung begonnen haben, die so hoch lag, dass sogar bei dem verhandlungstypischen Nachgeben die Summe über der symbolischen Zahl von 10.000 liegen würde.

Balduin und seine Verhandlungsbeauftragten müssen natürlich erst einmal unter diesen 10.000 angefangen haben, vielleicht etwas weniger unter der magischen Grenze, als Loretta darüber begonnen hatte. Um des Feilschens willen mag Balduin bei der allmählichen Annäherung der Positionen lange auf einer Summe von höchstens 10.000 „Pfund" beharrt haben. Weniger als das hätte

Sechs Händelheller

wahrscheinlich nicht unbedingt seinem Selbstwertgefühl entsprochen – „ja [er] soll scherzend darüber gespottet haben, dass die Gräfin von dem damals reichsten Fürsten des Reiches nicht mehr Geld erpresst habe" (Dominicus, S. 248). Loretta scheint das vorerst letzte (und mit den Nachforderungen dann tatsächlich auch das nachweisbar letzte) Wort gehabt zu haben, da sie eine höhere Summe als die (im dezimalen System jedenfalls) naheliegenden 10.000 erpresste – Balduin mag ihr das umso lieber als scheinbaren Sieg zugestanden haben, als er sie unter der (im duodezimalen System) nächstliegenden symbolischen Zahl von 12.000 (Boppard/Oberwesel!) gehalten hatte.

Die Vereinbarung mit der angedrohten Strafzahlung von 30.000 „Pfund" bei Nichteinhaltung und der Pfandaussetzung wurde am 7.7.1328 bestätigt und besiegelt.

Loretta (oder ihr Berater) muss beim befriedigten Durchlesen der besiegelten Urkunde mit Schrecken erkannt haben, dass keine Zeitvorgabe zur Begleichung des Lösegelds festgeschrieben worden war. Infolgedessen wurde am nächsten Tag noch eine Zusatzurkunde ausgefertigt mit der Festlegung, dass Balduin zusätzlich die Burgen Stahlberg, Stahleck und Braunshorn für den Fall verpfändete, dass die Lösegeldsumme nicht bis zum nächsten Andreastag (30.11., also fünf Monate später) bezahlt war, ferner, dass die Burgen in die treuhänderische Obhut von (immerhin ein kleiner Verhandlungserfolg Balduins) Wilhelm, Graf von Katzenelnbogen, einem Vertrauten Balduins, übergehen sollten.

Balduin bezahlte, wie man das von ihm kannte, die Summe (wohl mit Hilfe seiner jüdischen Geldverleiher) vollständig und fristgerecht – auch die spätere Nachzahlung.

Somit hatte Loretta nicht nur ihr Birkenfelder Territorium vor Balduins gegenwärtigen und zukünftigen Zugriffen geschützt (auch diesbezüglich stand Balduin zu seinem Wort) und kleine Vorteile für ihre Großfamilie, also auch für ihren Vater, herausgeschlagen, sondern zusätzlich eine riesige Summe baren Geldes. Eine Summe, die sie allerdings auch dringend brauchte, denn sie selbst hatte sich genau das zuschulden kommen lassen, was sie Balduin vorwarf: Sie hatte bei Idar-Oberstein eine eigene, die vor 1327 fertiggestellte Frauenburg, auf dem Gelände ihrer Verwandten Blancheflor errichten lassen, über das sie keine Verfügungsgewalt gehabt hatte. Loretta konnte die Rechte jetzt erwerben und zog sich, nachdem sie 1331 die Nachfolge an ihren mittlerweile mündig gewordenen Sohn Johann übergeben hatte, auf die Frauenburg als Witwensitz zurück.

Balduin wäre freilich bei aller Nachgiebigkeit und Korrektheit nicht der gefürchtete Verhandlungspartner gewesen, wenn er nicht einen Stachel in Lorettas Fleisch hinterlassen hätte, nämlich den Kirchenbann. Loretta wäre ja im Falle

Schloss Oberstein

ihres Todes vor einer Lösung vom Kirchenbann nicht auf geweihtem Boden bestattet worden, erst recht nicht in einer Kirche und gar nicht in Himmerod neben ihrem fast fünf Jahre zuvor verstorbenen Ehemann. Liebe war in den Zweckehen des Adels eher ein nachgeordnetes Zufallsprodukt, aber Loretta muss ihren Mann wirklich geliebt haben, wenn ihr ein Grab neben ihm so wichtig war. Also doch Liebe auf der romantisch gelegenen Starkenburg, aber eben halt für jemand anderen als Balduin, der nur Handlanger sein sollte bei der Bannlösung.

Balduin versprach im Vertrag, sich beim Papst in Avignon für die Lösung Lorettas und ihrer Helfershelfer aus Exkommunikation und weiteren Kirchenstrafen zu verwenden.

Was so selbstlos klingt, bot Balduin in Wirklichkeit jede Menge ausgleichende Gerechtigkeit, denn die Lösung war natürlich, was wir heute nur zu leichtfertig vergessen, von der Erfüllung von Bußstrafen abhängig.

Am 17.3.1329 wurde das Schreiben des Erzbischofs zusammen mit der Zusicherung der Verfolgungsfreiheit durch die mit Balduin gefangengenommenen Kleriker sowie mit einem Ersuchen um Unterstützung durch Balduins Neffen Johann von Böhmen von einem Vertreter Lorettas in Avignon am päpstlichen Stuhl eingereicht.

Papst Johannes XXII., nicht gerade ein Freund des kaisertreuen Balduins, gewährte Lösung von Bann und Kirchenstrafen – eben unter Aussprechung kirchlicher Bußstrafen, mit deren Überprüfung Adolf von der Mark, Bischof von Lüttich (1313–1344), am 4.5.1329 beauftragt wurde.

Balduin, graduierter Kirchenrechtler und erfahrener Bischof, mag sich schon in der Gefangenschaft genüsslich Einzelheiten der Strafe ausgemalt haben, die er seinen eigenen Vertretern (die uns nicht überliefert sind, die es aber gegeben haben muss) in Avignon aufgetragen haben wird – mit entsprechenden Handlungsspielräumen.

Adolf von der Mark sollte gemäß dem päpstlichen Schiedsspruch sicherstellen, dass Loretta und ihre Helfershelfer sich vor der endgültigen Lossprechung einem öffentlichen Bußgang mit brennenden und anschließend zu opfernden Kerzen unterziehen mussten. Als maximale Strafe hat sich Balduin sicherlich einen Buß- und Opfergang zu seinem Dom in Trier ausgedacht, wo auch eine größtmögliche Öffentlichkeit garantiert sein würde. Diese Maximalstrafe wurde aber offenbar von Lorettas Verhandlungsbevollmächtigten gemildert. Mit der Begründung, Loretta drohe in Trier Gefahr, brauchte der Bußgang nur in einer Stadt in der Nähe Triers durchgeführt zu werden. Immerhin aber in einer „Stadt", was dann doch eine genügende Zahl Gaffer bedeuten würde. Die Bestimmung, dass dieser Bußgang an einem hohen Festtag stattzufinden habe, ging in die gleiche Richtung. Und eine Stadt als Schauplatz sorgte für eine ungemütliche Länge des Bußgangs, da dieser an einem Stadttor zu beginnen hatte, wobei das Tor ohnehin einen wichtigen symbolischen Ort für diese Inszenierung darstellte, da es den Übergang vom Umland zum Gebiet einer Stadt darstellte, deren Rechte von Balduin garantiert wurden, wenn nicht gar von ihm verliehen worden waren.

Nicht nur sollten die Bedingungen symbolisch bedrückend sein, sondern auch körperlich. Straßen und Plätze der kleinen Städte waren ja zumeist ungepflastert, was günstigenfalls bedeutete, dass Staub aufgewirbelt wurde und zu schlucken war, schlimmstenfalls, dass man barfuß durch Matsch und Kot zog. Weitere (für den damaligen Zuschauer sofort einsehbare) Demütigungen bestanden darin, dass die Büßer nicht nur nackten Fußes, sondern auch ohne Gürtel und Kopfbedeckung antreten mussten. Jeder Büßer hatte eine brennende Kerze von mindestens vier Pfund zu tragen, wobei alle teuren Wachskerzen am Hochaltar demütig dem Kirchenschatz (und damit Balduin) zu opfern waren. Höhepunkt der Buße sollte dann das öffentliche Schuldbekenntnis sein.

Immerhin erreichte Lorettas Verhandlungsführer, dass die Gräfin als „schwache" Frau ihre eigene große Kerze von jemand anderem tragen lassen durfte, so dass sichergestellt schien, dass Loretta die persönliche Demütigung des eigenen Tragens und Opferns der Kerze erspart bliebe. Man kann sich die endlosen Verhandlungen vorstellen, die zu der endgültigen Bestimmung führten, dass Loretta doch eine eigene (zusätzliche) Kerze zu tragen hatte, eine leichtere freilich, aber eben doch nicht zu leichte, denn das Gewicht war von ihrem Gewissen zu bestimmen, außerdem war die kleinere brennende Kerze unmittelbar hinter der großen Bußkerze zu tragen, so dass die „Größe" von Lorettas Schuld bei aller Berücksichtigung ihrer (wohl nur vorgeschobenen) weiblichen Schwäche ablesbar blieb.

Und auf die „große Schau" im Trierer Dom vor einem Maximum von Zuschauern brauchte Balduin auch nicht zu verzichten, denn an einem der festgelegten Feiertage (Pfingsten bzw. St. Johannistag, also dem 24. Juni) musste eine zweite Gruppe von fünfzig von Lorettas Leuten genau diesen Gang durch Trier auf sich nehmen und die Kerzen unter dem Schuldbekenntnis der Gräfin in der Hauskirche des Entführten opfern. Balduin dürfte sich die dramatische Szene genüsslich ausgemalt haben: Fünfzig Männer stapfen barfuß und in gürtellos wehenden Gewändern durch die kotverschmutzte lange Straße über den Markt bis zum Dom, der Wind zerzaust ihnen das ungeschützte Haar und fährt gegen die schweren und heiß tropfenden Kerzen, die jeder mit der freien Hand zu schützen versucht. Die Männer grummeln innerlich, doch schamerfüllt und trotzig schlagen sie stumm die Augen nieder. Umso lauter ist die Menge, einer ruft einen ihm Bekannten mit Namen an, andere kichern, lachen, johlen über die Unbekannten, die Kinder stapfen mit, halten Stöcke wie Kerzen, singen Spottreime im Gleichtakt der Schritte, pusten sich gegenseitig die „Kerzen" aus, schlagen sie sich aus der Hand, balgen sich, rollen den Büßenden vor die Füße – keiner der rund zwölftausend Einwohner, auch krank und fiebrig, auch humpelnd und kriechend, möchte das Schauspiel missen, von dem man noch dereinst Kindern und Kindeskindern mit leuchtenden Augen erzählen kann. Eine Steigerung, so mag sich Balduin gedacht haben, würde ein noch drastischeres Bußzeichen sein, wie damals in Brescia, wo den siegreich einziehenden Brüdern Heinrich und Balduin die wehklagenden Bürger mit Stricken um den Hals entgegentraten. Das findet sich freilich nicht in den Ausführungsbestimmungen. Ein zusätzlicher Triumph Balduins würde aber in der Wahl des Tages liegen: Pfingsten war der Tag, an dem Balduin genau 20 Jahre vor den demütigenden Tagen auf der Starkenburg als neuer Bischof in Trier eingezogen war, und der Johannistag würde ausgerechnet der Namenstag von Lorettas Vater bzw. ihres ältesten Sohnes sein.

Die symbolische Erniedrigung auf dem Weg zur Bischofskirche, vor der päpstlichen Gewalt und somit auch vor Balduin sollte noch verstärkt werden durch ein öffentliches (und sicher auch deutsches und damit deutlich verstehbares) Schuldbekenntnis im Namen der Gräfin, die ja ihre Urkunden ausnahmslos auf Deutsch ausstellte, wobei die Anwesenden in der Kirche mit ihren Ohren „mitsiegelten", denn den Erinnerungsfähigkeiten einer analphabetischen Gesellschaft würden sich diese Worte bis zum Lebensende einprägen.

Loretta mochte es wenig kümmern – sie brauchte nicht persönlich anwesend zu sein.

Das Bußabkommen verlangte allerdings noch mehr. Lorettas Stellvertreter sollten vier silberne Leuchten von 12 Mark Gewicht (2,5 kg) für den Dom stiften. Damit die Bußstiftung zentral und auf Dauer für jeden sichtbar sein würde, sollten die Leuchter/Ampeln beim Hochaltar von der Decke herabhängen. Ferner sollte Loretta jährlich Geld für den Unterhalt der Beleuchtung (also den Kauf des Öls aus Bucheckern, Leinsamen oder Walnüssen) bezahlen. Die Buße war damit auf ein „ewiges" Schuldbekenntnis verlängert.

Zur sozialen Abrundung und auch zur zusätzlichen Bekanntmachung der Schuld sollten Loretta und andere namentlich Genannte zwei Jahre lang jeden Samstag der Quadragesimalfasten enthaltsam sein und anschließend einen Armen (die Gräfin fünf Arme) speisen.

Loretta wäre nicht Loretta gewesen, wenn sie Balduin den Triumph einer vollständigen und widerspruchslos gewährten Sühne gegönnt hätte. Offenbar zögerte sie die Umsetzung der Verpflichtung immer wieder hinaus, wohl in der Hoffnung, der vierzehn Jahre ältere Balduin werde vor ihr sterben. Der zähe Erzbischof tat ihr diesen Gefallen nicht und überlebte sie um beinahe zehn Jahre. Loretta wird nach 1331 weitgehend aus dem Blickfeld Balduins und des Bischofs Adolf von der Mark entschwunden sein. Balduin mag sie trotzdem gelegentlich an die ungesühnte Schuld erinnert haben. Das Schweigen der Urkunden deutet aber darauf hin, dass Loretta auf stille Vergebung hoffte und die Buße nicht leistete.

Fast nicht leistete.

Denn kurz vor ihrem Tod veranlasste Loretta, vielleicht reuiger-, vielleicht einfach vorsichtigerweise, die einmalige Übersendung von einem Ohm (160 Liter) Öl für die Dombeleuchtung (ausgeführt am 13.12.1344). Es war ihre letzte überlieferte Amtshandlung. Balduin, der sich für seinen Teil strikt an die Vereinbarungen hielt, überlebte sie.

Der Sponheimer Riegel und das Kröver Reich überlebten, bis die Französische Revolution beide Strukturen wie auch den Kurstaat, den Balduin flächenmäßig verdoppelt hatte, hinwegfegte.

Seit 1794 gehörten alle diese Gebiete, ob sie nun wollten oder nicht, zusammen: als französisches Eroberungsgebiet, nach 1797 als Teil Frankreichs, nach 1815 als Teil Rheinpreußens, ab 1871 als Teil des neugegründeten Deutschen Reiches, ab 1946 als Teil der neugegründeten Bundesstaates Rheinland-Pfalz

Der Dom zu Trier

und ab 1949 als Teil der Bundesrepublik Deutschland, ab 1990 als Teil eines wiedervereinten Deutschlands.

Die Geschichte von Loretta und Balduin aber bleibt das Entzücken eines jeden Moselführers und selbst eines mehr verhandlungstaktisch interessierten Chronisten.

Die zwischenzeitliche Niederlage gegen Loretta schreckte Balduin nicht davon ab, seine langfristigen Expansionspläne weiterzuverfolgen – Balduin sah das sicher als weitgehende Anpassung von Kurtrier an die Grenzen des Erzbistums. Er besaß eine kampferprobte Truppe, mit der er in acht Jahren sechsmal König Ludwig geholfen hatte, zu Hause gegen die Sponheimer Grafen (die Sponheim-Pfälzische Fehde war am 26.8.1322 durch ein Abkommen bei Ravengiersburg/Hunsrück beendet worden) und gegen die Herren von Westerburg sowie die Pfalzgräfin Mechthilde gekämpft hatte. Seitdem Balduin vier Rheinzölle besaß (seit 1316 auch Bacharach neben Koblenz, Boppard und Oberwesel), war der sparsam lebende Erzbischof ganz im Gegensatz zu den kleinen Territorialherrschern, die ihren aufwändigen Lebensstil durch ihre ineffiziente Verwaltung kleiner Territorien nicht finanzieren konnten und weitgehend verschuldet waren, stets flüssig. Die letzte Lösung des Knotens bestand dann oft darin, Balduin die Schulden (mit vielleicht einem kleinen Aufgeld) bezahlen zu lassen, ihm die Herrschaft zu übergeben, um diese dann umgehend gegen eine jährliche Summe wieder verliehen zu bekommen. Der vorher freie, aber finanziell bedrängte Territorialherrscher war jetzt ein Lehensmann Balduins, finanziell wieder flüssig, aber eben abhängig vom Erzbischof, dem man im Notfall über die verbrieften Öffnungsrechte die Burg öffnen und die Mannen und die Pferde verköstigen musste und dem man durch einen Lehnseid zu militärischer Hilfe und finanziellen Abgaben verpflichtet war. Der frühere Territorialherr war jetzt Burggraf/Amtsmann geworden, der dafür zu sorgen hatte, dass nach Abzug der Abgaben an Balduin noch genug Geld für ein standesgemäßes eigenes Leben verblieb. Balduin seinerseits hatte einen talentierten und tatkräftigen Verwalter gewonnen, der sein Amt und die zustehenden Abgaben haargenau kannte und diese schon aus Eigennutz peinlich genau eintrieb, damit nach Zahlung der Abgaben möglichst viel für ihn selbst übrigblieb.

So gewann Balduin durch punktuelle Großinvestitionen langfristig berechenbare Kleineinkünfte und baute sein Netz an Einzelrechten, Öffnungsrechten, Vogteirechten, Lehnsleuten, Vasallen und Amtsmännern auf und gewann stetig neue Dauereinnahmen hinzu. Die noch freien Territorialherren sahen sich zwischen den Zangenenden Finanznot und Verlust der Eigenständigkeit eingequetscht und suchten nach Auswegen. Ein Ausbruch aus der Klemme konnte in einer kühnen Jahrhunderttat (wie der von Loretta) bestehen, in einem wohlorganisierten Einzelkampf (aber gegen den mächtigsten Reichsfürsten und Kaiserfreund?) oder in einem umfassenden Bündnis.

Aus diesen Überlegungen heraus schlossen die Herren von Eltz, von Schöneck, Waldeck und Ehrenburg am 15.6.1331 ein schriftlich festgelegtes Bündnis, nachdem klar geworden war, dass aus verschiedenen Gründen (die Sammlung möglichst vieler Urkunden in den Balduineen hatte als eine ihrer Früchte Balduin einen Beweis an die Hand gegeben, alte Rechte von 1202 an der Burg Eltz reaktivieren zu dürfen; die Niederschlagung des Bopparder Aufstands von 1327 griff in die Verwaltungsaufgaben der Herren von Schöneck und Waldeck auf Bopparder Gebiet ein; die Ehrenburg sollte nach einer alten Urkunde von den Trierer Erzbischöfen den Pfalzgrafen zu Lehen gegeben werden) ihre bisherige große Eigenständigkeit gefährdet war. Das gab Balduin die Gelegenheit, gegen die vier Verbündeten vorzugehen. Er tat das mit der bekannten Schnelligkeit und Gründlichkeit, zumal eine stärkere Anbindung der zu besiegenden Adligen an den Erzbischof eine Beseitigung von Sperrgebieten zwischen Oberstift und Koblenz links und rechts der Mosel versprach.

Burg Eltz

Balduin ließ wohl noch 1331 oberhalb der wunderschönen, aber strategisch ungünstig gelegenen Burg Eltz die Balden(= Balduins)eltz/Trutzeltz auf eltzischem Besitz erbauen, um von der günstigen Höhe aus die Burg Eltz zu beschießen. Zwischen 1975 und 1981 wurden 24 Geschosse von dieser Belagerung gefunden: 23 Blidenkugeln, Steinkugeln, wie sie von Schleudermaschinen geworfen wurden, und ein Büchsenpfeil. Es war dies ein Großpfeil, der mit Schwarzpulver verschossen wurde. Diese Mischung aus zermahlener Holzkohle, Schwefel und Salpeter (als Sauerstofflieferant) verbrennt bei Entzündung prompt zu heißem Gas, das ein Vielfaches des Volumens der Feststoffe einnimmt und mit dieser Explosion den Pfeil aus einem Rohr, der „Büchse", hinausschießt. Als Waffe der allerneusten Generation, wie Balduin sie beim Romzug seines Bruders kennengelernt hatte (Romfahrt 29a), muss eine solche Schusswaffe mit Blitz und Knall und hoher Fluggeschwindigkeit und Reichweite psychologisch einen starken Eindruck hinterlassen haben, wenn auch der Pfeil nur eine Rüstung und keine Steinwand durchschlagen konnte. Für Deutschland markiert der aufgefundene Büchsenpfeil den frühesten Einsatz dieser Waffe. Es wird aber vor allem die Sperrung der Verbindung der Burg Eltz zum Hinterland des fruchtbaren Maifeldes gewesen sein, welche die Herren von Eltz zwang, sich Balduin am 16.12.1337 mit einem Sühnevertrag zu unterwerfen (die Eltzer wurden jetzt Amtsmänner auf Baldeneltz). Mit dem Bau der Rauschenburg hatte Balduin die drei anderen Bündnispartner bereits am 9.1.1336 zu einem Sühneversprechen gezwungen. Damit war

Balduin die Sprengung eines störenden Riegels ebenso gelungen wie die Einbindung hochkarätiger Burggrafen in sein eigenes Herrschaftsgefüge.

Möglich wurde der Erfolg auch dadurch, dass die Verbündeten keine bischöflichen Hilfen von Mainz, Worms (die Schöneckens hatten z. B. drei Mainzer Erzbischöfe gestellt) oder Speyer zu erwarten hatten, denn Administrator (nicht Bischof/Erzbischof) dieser drei Bistümer war inzwischen – Balduin! Schon 1304/5 hatte er ja vergeblich versucht, Erzbischof von Mainz zu werden. Als am 5.6.1320 Peter von Aspelt auf dem Mainzer Stuhl starb, wollte das Mainzer Domkapitel einstimmig Balduin als Nachfolger. Weil damit zwei Kurstimmen in einer Hand gewesen wären, lehnte der Papst ab. Balduin, nach kurzer Tätigkeit, fügte sich, aber 1328 war es dann soweit. Er leitete als Administrator auch das Erzbistum Mainz und begann, wie damals in Trier, mit dem sofortigen Abbau der Schulden, und zwar mit Mitteln des Trierer Erzstifts. Bis April 1337 sollte er diese Verwaltungsaufgabe zusätzlich schultern. 1331 übernahm er dann zwei weitere Pflegschaften: Worms (1331–1332 und 1335–1337) und Speyer (1331–1337), letzteres nur in finanztechnischer Hinsicht. Auch hier erfüllte er die Hoffnungen der Speyrer und zahlte die Schulden, wiederum zum Teil aus eigenen Mitteln.

Wenn man einmal in Augenschein nimmt, in welchen Zeiten Balduin gleichzeitig die Erzbistümer Trier und Mainz und die Bistümer Worms und Speyer ganz oder doch zumindest teilweise verwaltete, sind das die Zeiten 1331–1332 und 1335–1337 – eine Zeit, wo er sich, wie schon angedeutet, den Rücken freihalten konnte von bischöflichen Einsprüchen gegen seine eigenen Aktivitäten. Gleichzeitig aber war der Raum, über den er jetzt in unterschiedlichen Graden herrschte, zufälligerweise fast deckungsgleich mit der Fläche des später scheinbar so zufällig zusammengekommenen Bindestrich-Bundeslandes Rheinland-Pfalz, das sich in dieser Hinsicht als gar nicht so retortenhaft künstlich erweist. Balduin hätte damals das rheinland-pfälzische Wappen führen können, und Bild 6a der Romfahrt zeigt für 1310 in den Wappen den pfälzischen Löwen, das Mainzer Rad und das trierische Kreuz! Zweieinhalb Jahrzehnte später war Balduin gewissermaßen kombinierter Ministerpräsident/Landtagspräsident/Finanzminister eines „Flächenstaates".

Balduin als dienstältester und reichster Kurfürst und als erfahrener Administrator von Mainz, Worms und Speyer konnte sich nach dem Abschluss der Eltzer Fehde wieder verstärkt der Reichspolitik widmen. So wie das Schengener Abkommen vom 13.7.1985 in der Moselmitte im Dreiländereck zwischen Luxemburg, Frankreich und Deutschland unterzeichnet wurde, ließ Balduin das weitgehend von ihm in die Wege geleitete „Weistum von Rhens" (lateinische Urkunde vom 15.7.1338) am 16.7.1338 im Baumgarten zu Rhens (heute Gelände der

Balduinseck

Sprudel-Abfüllanlage – der „Königsstuhl" wurde 1842 und 1929 an anderen Stellen nachgebaut) verkünden. Rhens selbst war kölnisch, ein gellender Trompetenstoß von dort war im trierischen Kapellen(-Stolzenfels), im mainzischen Oberlahnstein und im pfälzischen Braubach zu hören. Wichtigster Punkt der Vereinbarung der Kurfürsten war die Verankerung des Mehrheitsprinzips: Zum König sollte der gewählt sein, der die einfache Mehrheit der Kurfürsten auf sich vereinte. Dieser Schritt vom mittelalterlichen Denken („Wer immer bei der heiligen Wahl eine Stimme erhält, ist ein Gewählter, und seien es mehrere") zum neuzeitlichen Vorgehen („Die Minderzahl der Stimmen geht verloren") war Balduin eine Herzensangelegenheit, seit er die gespaltene Wahl von 24 Jahren zuvor erlebt hatte (das Mehrheitsprinzip wurde auch in die „Goldene Bulle" von 1356 übernommen; unsere heutigen parlamentarischen Gepflogenheiten gehen damit letztendlich auf Balduin zurück). Am 8.8.1338 wurde das Rhenser Weistum in Frankfurt von sechs Kurfürsten veröffentlicht.

Balduins Rolle wurde jetzt sogar international. Kaiser (seit der Krönung in Rom am 17.1.1328 durch einen Senator) Ludwig war inzwischen 24 Jahre an

Burg Baldenau

der Macht, war im päpstlichen Bann und als Kaiser umstritten. So meldete dann auch der englische König Edward III. Interesse an einer möglichen Bewerbung um eine vielleicht frei werdende deutsche Krone an. Er verpfändete die englische Reichskrone damals für 25.000 Gulden (sie wurde erst im Frühjahr 1344 eingelöst). Balduin (so nebenbei war er mit der Daunischen Fehde beschäftigt) war Gastgeber für eine große Versammlung von vier Herzögen, drei Erzbischöfen, sechs Bischöfen, 37 Grafen und 17.000 Herren und Ritter (die großen Zahlen aus dem Mittelalter darf man getrost kleiner denken) auf dem trierischen Niederwerth bei Koblenz. Edward III. traf am 29.8.1338 dort ein und reiste am 7.9. wieder ab. Als Rahmenprogramm gab es einen musikalischen Wettstreit, und Balduin sorgte am 6.9. vor Edwards Abreise im festlichen Rahmen für „eyn costlich Malzyt".

Wie dürfen wir uns Essen und Trinken zu Balduins Zeit vorstellen?

Etwas, was uns sofort aufgefallen wäre, wäre die starke jahreszeitliche Prägung der Gerichte und ihrer Zutaten gewesen. Was heute als raffinierte (und teure) Eigenschaft eines Mehr-Sterne-Restaurants gilt, war damals weitgehend von der Notwendigkeit bestimmt und die billigste Lösung. Gegessen wurde neben Lager- und Konservierfähigem vor allem das, was eben zur Verfügung stand, z. B. nach Maßgabe der Wanderungen der Lachse/Salme, der Anwesenheit von Zugvögeln (Störche, Schwäne usw.), dem Angebot an reifem Obst, dem Höhepunkt der Schweinemast durch die Reifung von Eicheln und Bucheckern.

Ungewohnt wäre vielen von uns die starke Anbindung des Speiseplans an das Kirchenjahr – so war nicht nur die Fastenzeit selbst vom Fasten bestimmt, sondern auch die gesamte Adventszeit. Das ging bis in die tageszeitliche Gestaltung der Mahlzeiten, man denke an die vielstündige Enthaltsamkeit vor dem Empfang der Kommunion. Da dem Reisenden Dispens vom Fastengebot gewährt wurde, waren Balduin und seine Umgebung hier den strengen Vorschriften gelegentlich etwas weniger unterworfen als der Rest der Bevölkerung. In unseren Augen wäre auch die Klassifizierung des Bibers als Fisch eher eine elegante Verbotsumgehung zu Fastenzeiten gewesen.

Erstaunt wären wir auch über die Allgegenwart von Mus in vielen Formen. Getreide und viele Gemüse wurden geschrotet und zerkocht: Gerste, Weizen, Dinkel, Einkorn, Emmer, Linsen, Bohnen, Mangold usw. wurden als Mus serviert, als Grundstock für die Sättigung. Kartoffeln und Mais als Neuweltpflanzen fehlten eben noch auf dem mittelalterlichen Speisezettel. Reis wird Balduin am ehesten in Italien erlebt haben. Auch das Obst wird oft als Mus gereicht worden sein: Apfelmus, Birnenmus, Pflaumenmus, Beerenmus. Vitamine, knackige Salate hat der mittelalterliche Esser jedenfalls viel seltener aufgetischt bekommen als wir. Man hat sie nicht vermisst, weil man sie noch nicht kannte. Sie werden häufig auf ungewohntem Weg aufgenommen worden sein: über frisches Sauerkraut, Obstsäfte, Grutenbier, gärenden Apfel-, Birnen- oder Traubenwein, natürlich auch über aufgelesenes Kernobst, gepflücktes Beerenobst. Menschen an einem Fürsten- oder Bischofshof werden viel weniger Vitamine zu sich genommen haben als der Bauer, der schon im Frühjahr Löwenzahn, Sauerampfer und Käsekraut kaute und mehr Frischobst aß, auch Frischmilch und Frischkäse.

Ein anderes Rückgrat für die Sättigung war natürlich das Brot. Roggenmehl für dunkles Brot oder Schwarzbrot setzte sich erst im Mittelalter durch – Dinkel, Emmer und Einkorn waren noch weit verbreitet. Bei Balduins frankophiler Luxemburger Herkunft und seiner französischen Ausbildung möchte man vermuten, dass er an seiner Tafel mehr Weißbrot und Speisen mit feinem Weizenauszugsmehl erlebt hat.

Wir müssen uns freilich von der Vorstellung einer täglichen Verfügbarkeit von frischgebackenem Brot freimachen. Im Backes auf den Dörfern wird eine Familie vielleicht alle ein bis zwei Wochen frisch gebacken haben, so dass man einige Stunden herrliches Brot backfrisch genießen konnte und dann von Tag zu Tag an härterem Brot kaute, das man bald trocknen musste, damit kein Schimmel aufkam. Brot war dann fast nur noch genießbar, wenn man es „zoppte", also in heiße Milch oder heißen Brei bzw. heiße Suppe tauchte. Hier haben wir ein Grundprinzip mittelalterlichen Essens: gelegentlich von einer Fülle und Schmackhaftigkeit, die wir uns heute kaum vorstellen können; dann längere Zeit mengenbegrenzt und fad. Bei einem Bischofshaushalt war der Brotverbrauch sicherlich so hoch, dass öfter gebacken wurde – auf Reisen und Feldzügen war altbackenes Brot dann meist nicht zu umgehen.

Ein Aspekt beim Brotessen ist uns heute völlig ungeläufig, nämlich die Probleme mit dem Mahlvorgang. Die meisten Mühlräder waren bis ins 20. Jahrhundert aus billigem Sandstein. Beim Kollergang entstand dann nicht nur Mehl, sondern auch Sandsteinabrieb, Sand. Beim Aussieben der Kleie behielten die groben Siebe die größeren Abriebbestandteile zurück, die feineren blieben aber im durchgesiebten Mehl. Mittelalterliche Schädel weisen daher normalerweise einen starken Abrieb des Zahnschmelzes auf. Die peinigenden und anhaltenden Zahnschmerzen kann man sich heute kaum mehr ausmalen.

Da Balduins Gebeine verlorengingen, wissen wir keinen Bescheid über den Zustand seiner überlebenden Zähne, aber er mag in zweierlei Hinsicht Glück gehabt haben. Bei einem hohen Anteil Weißbrot aus feinem Auszugsmehl aus engen Sieben war der Abrieb sicher geringer. Eine andere Möglichkeit, dieses Problem zu umgehen, lag im Einsatz von Basaltlava für die Herstellung von Mühlsteinen. Vor allem im Niederstift verfügte Balduin über eine Reihe von Abbaustellen für Basaltlava (Westerwald, Andernach, Mayen, Vulkaneifel usw.), so dass dieses teure Material gezielt für die Versorgung des Hofes beschafft werden konnte.

Das, was heute der geschmackliche Kern fast jeder Mahlzeit ist, stand im Mittelalter zum Teil nur jahreszeitlich begrenzt zur Verfügung: Fisch-, Fleisch- und Eierspeisen. Beginnen wir mit den Eiern.

Ei aus Trierer Kloake
des 13. Jahrhunderts,
4,9 x 3,3 cm

Im Frühjahr standen sie kaum zur Verfügung. Wie schon die Daten des Brauchtums (Ostereier, ausgeblasene Eier auf dem Maibaum) zeigen, beginnen die Hühner mit der Rückkehr der Regenwürmer und des frischen Grüns mit der regelmäßigen Lege. Von Sol-Eiern (die in bakterientötender Salzlake schwimmen) abgesehen, lassen sich Eier nicht lange aufbewahren. Gänse-, Enten-, Hühner- und Vogeleier spielten also nur saisonal eine Rolle – außerdem waren in Fastenzeiten milch- und eibasierte Speisen untersagt. Balduin hielt sich offenbar streng daran, bis er auf Anraten seiner Ärzte im Alter von 68 Jahren eine Kardinals-Dispens für Milchspeisen auch in der Fastenzeit einholte.

Fleisch war auch nicht ständig verfügbar. Solange genügend Futter zur Verfügung stand, lohnte es sich nicht, die Tiere zu schlachten, da diese Gespann- (Ochsen) und Fortpflanzungsdienste (Stiere, Kühe) leisteten oder Milch gaben. Da Futter nur begrenzt auf Vorrat angelegt werden konnte, vermochte man nur so viele fortpflanzungsfähige Tiere über den Winter durchzufüttern, wie als Mindestzahl für die Weiterführung des Bestandes notwendig waren. Alle anderen Tiere wurden geschlachtet. Bei Schweinen lag das Problem etwas anders. Eine kleine Zahl lässt sich das ganze Jahr über mit Küchenabfällen und Essensresten gerade noch so am Leben halten – für diese Tiere war dann die meiste Zeit Fastenzeit. Erst die reifen Eicheln, Bucheckern und Esskastanien boten einen reich gedeckten Tisch. Sobald dieser Tisch abgeräumt war, mussten auch alle nicht zur Weiterzucht notwendigen Schweine geschlachtet werden.

Wieder haben wir hier also das mittelalterliche Muster: Die längste Zeit des Jahres war Schmalhans Küchenmeister, dann gab es im Oktober und November Haustierfleisch in Hülle und Fülle. Adventsfastenzeit und österliches Fasten folgten gerade zur richtigen Zeit.

Durch die Jagd, vor allem im Winter mit seinem spurenschaffenden Schnee, konnte das etwas ausgeglichen werden. Seit dem Frühmittelalter war das Jagen Vorrecht des Adels; Bauern und Kleriker waren vom Jagen ausgeschlossen (letzteren war ja auch ursprünglich der Kriegsdienst untersagt). Balduin hatte, aus einer gräflichen Familie stammend, natürlich auch eine ritterliche Ausbildung genossen, dazu gehörte der Umgang mit Kriegs- und Jagdwaffen.

Für die Zubereitung von Fleisch in Pfannen und Kasserollen braucht man Fett. Olivenöl mag Balduin in Frankreich und Italien erlebt haben, bei uns fehlte das. Butter wird selbst im Felsenkeller bald ranzig. Es blieben dann vor allem Schmalz, das mit einer Beimischung von geriebenem Bratfleisch einen eigenen Aufstrich ergibt: Griebenschmalz. Hinzu kamen, in begrenztem Umfang, Traubenkernöl und Öl aus Leinsamen, Bucheckern, Walnüssen.

Die einfachste Lösung der Fettprobleme bestand natürlich im Braten am Spieß.

Aber auch gebratenes Fleisch hält sich nur wenige Tage, frisches Fleisch noch weniger, Innereien am wenigsten. Immerhin standen zwei alte Techniken der Haltbarmachung zur Verfügung: Salzen und Räuchern (z. B. ganze Speckseiten). Alles nicht derartig (mühsam) behandelte Fleisch musste innerhalb weniger Tage gegessen werden, auch die in Tierdärmen aufbewahrten minderwertigen Fleischreste, die mit Fett und Gewürzen gemischt waren. Falls sie nicht geräuchert waren, wurden diese frischen Würste auch nach einigen Tagen schlecht und begannen zu vergammeln. Um solche Würste nicht wegwerfen zu müssen (und man warf im Mittelalter nichts weg!), überdeckte man den schlechten Geruch und Geschmack durch riesige Mengen an Gewürzen, vor allem durch Pfeffer. Das erklärt, warum mittelalterliche Rezepte solche großen Anteile Pfeffer verlangten und die Importeure, die „Pfeffersäcke", so reich machten.

Fisch, frisch verspeist, war noch am wenigsten problematisch. Dem Fischekatalog bei Ausonius, „Mosella", 85–149 (Döbel, Bachforelle, Neunauge, Äsche, Barbe, Lachs, Quappe, Barsch, Hecht, Schleie, Laube, Maifisch,

Burg Wachenheim

Meerforelle, Gründling, Stör und dem bis 3 m langen Wels) möchte man, neben dem wichtigen Moselaal und den Flusskrebsen, vor allem den Karpfen hinzufügen, der durch die Aquakultur der Mönche ganzjährig zur Verfügung stand. Für den Lachs/Salm lagen die besten Fanggründe am Rhein, zwischen Wellmich und St. Goar, von wo aus der Fisch in wenigen Stunden nach Koblenz transportiert werden konnte. Lachs wurde freilich so häufig gefangen, dass selbst in Dienstverträgen von Knechten und Mägden Bestimmungen zu finden waren, wie oft in der Woche höchstens Lachs serviert werden durfte. Eine soziale Komponente lag übrigens in dem Umstand, dass während des ganzen Mittelalters hindurch der Fischfang am Rhein jedermann offenstand. Auch Fisch ließ sich durch Trocknen, Salzen und vor allem Räuchern (Aal! Lachs!) haltbar machen.

Der Nachtisch war für unsere Vorstellungen arg beschränkt. Käse gab es natürlich genug und auch in vielen Variationen – Blauschimmelkäse z. B.

Esskastanien (geröstet!) waren ein römischer Import ebenso wie Sauerkirsche und Pfirsich. Die schrittweise Kultivierung der einheimischen Wildreben hatte ebenfalls mit den Römern begonnen, aber wir dürfen uns keine kernlosen Esstrauben, dicke Schattenmorellen oder prachtvolle Pfirsiche bzw. Erdbeeren größer als Walderdbeeren vorstellen – die Obst- und Beerenkerne aus mittelalterlichen Kloaken zeigen uns die bescheidenen Ausmaße dieser Früchte, was sehr guten Geschmack freilich nicht ausschloss.

Besonders eingeschränkt wurde die Entfaltung der geschmacklichen Bandbreite beim Nachtisch durch das Fehlen von Rohrzucker – diesen Import wird Balduin eher in Frankreich und Italien erlebt haben. Für die heimische Küche war Honig der zentrale Süßstoff, hinzu kamen Kompotts oder verdickte Säfte aus Heidelbeeren, Brombeeren, Himbeeren usw., die dann mit Honig nachgesüßt werden konnten. Kinder saugten den Nektar süßer Taubnesseln.

Kuchen und Gebäck aus Weizenauszugsmehl und mit Frischobst oder Trockenobst sowie viel Schmand schlossen jedenfalls den Magen. Und Honig, Honig, Honig …

Bei Getränken war die Auswahl überaus beschränkt. Wenn wir an Getränke denken, dann vor allem an Kaffee, Tee, Kakao, Limonaden, Cola usw. All das fehlte damals.

Wasser, wenn es nicht gerade aus einer unverschmutzbaren Waldquelle oder gar aus einem bitzelnden Sauerbrunnen kam, war nicht trinkbar. Die unmittelbare Nähe von Wasserbrunnen und Kloaken führte notwendigerweise zu stark verseuchtem Wasser. Die Flüsse waren durch die Abwässer der Sied-

Welschbillig

lungen und der nahegelegenen Viehweiden kaum weniger verseucht. Dabei waren in Balduins Herrschaftsbereich die Verhältnisse noch ausgesprochen günstig: Die Mittelgebirge Westerwald, Taunus, Hunsrück, Eifel und Ardennen sorgten für viel Regen und manche unverschmutzten Quellhorizonte, und die Nachwirkungen lebhafter vulkanischer Tätigkeit lieferten die Voraussetzungen für zahlreiche Sauerbrunnen, so dass einige der berühmtesten Luxemburger und deutschen Mineralwässer aus Balduins Herrschaftsbereich stammen.

Milch war (in Abwesenheit von Kakao) ein Kinder- und Katzengetränk, vor allem Basis für Käse-, Butter- und Schmandbereitung.

Es blieben – Weine und Biere.

Die Annäherung der Kurfürsten an England war nur von kurzer Dauer, und man wandte sich wieder – in der Diplomatie ist nur der Wechsel von Dauer – Frankreich zu.

Dann aber ballten sich über Balduin düstere Wolken zusammen. Nicht so sehr wegen der Fehde des Wildgrafen von Daun gegen Balduin, denn solche Probleme konnte Balduin durch eigene Initiativen, zur Not auch durch seinen persönlichen Einsatz, zumindest bekämpfen, wenn nicht gar lösen. Und so ging er letztendlich aus der Daunischen Fehde (ab 1337) siegreich hervor. Der Wildgraf ergab sich Anfang 1342 der Gnade Balduins im erzbischöflichen Palast, also dem abgetrennten Apsidenteil des constantinischen Thronsaals, dessen Fenster ja für die wehrtechnische Nutzung vermauert worden waren. Die freigelegte Apsis ist der Altarraum der heutigen evangelischen Kirche zum Erlöser (Balduin würde den Raumteil nicht wiedererkennen).

Es gab aber ein innerfamiliäres Problem, das Balduin nicht selbst lösen konnte. Im Februar 1342, eigentlich ein triumphaler Augenblick mit der Unterwerfung des Wildgrafen, wollte Margarethe Maultasch, die Ehefrau von König Johanns (des Blinden) Sohn Johann, ihren 18-jährigen Mann wegen angeblicher Impotenz verlassen. Und zwar ohne Scheidung (die bei nachgewiesener Nichtvollziehung der ehelichen Vereinigung aufgrund von Impotenz möglich gewesen wäre). Heiraten wollte sie den frisch verwitweten ältesten Kaisersohn Markgraf Ludwig von Brandenburg, mit dem sie aber in einem zu nahen Grade blutsverwandt war. In einem solchen Fall wäre eine päpstliche Dispens notwendig gewesen, um die nicht ersucht wurde. Der ganze Vorgang war ein mehrschichtiger Skandal. Die Familienehre der Luxemburger war befleckt (Vorwurf der Impotenz; Trennung). Weder die Erlaubnis zur Ehescheidung durch den Papst noch die Einholung der päpstlichen Dispens angesichts der Blutsverwandtschaft waren auch nur angefragt worden. Damit lag ein versuchter Ehebruch vor. Und das unter Billigung durch den Vater des Markgrafen, durch Kaiser Ludwig! Es gab aber auch ein machtpolitisches Problem: Margarethes Erbe, Tirol und Kärnten, wäre für Johann verlorengegangen und dem Markgrafen zugefallen. Nach 28 Jahren Treue gegenüber Kaiser Ludwig, dem Balduin noch beigestanden hatte, als dieser dem päpstlichen Bannstrahl verfiel, kündigte Balduin die Gefolgschaft.

Die Situation eskalierte allmählich soweit, dass am 28.4.1346 der neue Papst, Clemens VI., zur Wahl eines neuen Kaisers aufforderte. Balduin rief die Kurfürsten nach Rhens, und dort stimmten die fünf Versammelten (Johann von Böhmen als Luxemburger und Vater, Gerlach von Mainz, Walram von Köln, Rudolf von Sachsen und Balduin als Luxemburger und Großonkel) einmütig für die Wahl des dreißigjährigen Sohnes von Johann, den vielsprachigen und gelehrten

Burg Grenzau

Wenzel/Karl von Mähren. Zwei Kurfürsten, der Pfalzgraf als Neffe von Kaiser Ludwig, und Ludwig, der Markgraf von Brandenburg, als Sohn des Kaisers, waren gar nicht erst erschienen. Karl IV. wurde am 26.11.1346 in Bonn (am „unrechten Ort", eben nicht Aachen) zum deutschen König gekrönt.

Damit hatte man genau die Lage, die Balduin durch das Weistum von Rhens von 1338 (Mehrheitswahl soll gelten) unter allen Umständen hatte verhindern wollen: Es gab zwei Kaiser! Im folgenden Jahr löste sich die verfahrene Lage auf natürliche Weise: der 65-jährige Kaiser starb am 11.11.1347 überraschend nach einer Bärenjagd und wurde in der Münchener Frauenkirche bestattet. Karl, der am 26.8.1346 in Crécy auf Befehl seines Vaters, schon mehrfach verwundet, von Begleitern aus der Schlacht gerissen worden war („Meinen Sohn Carl schirmet!", soll der Blinde Johann gerufen haben, bevor er selbst tödlich verwundet wurde und in King Edwards Zelt starb – am 26.8.1838 wurden seine Gebeine in Kastel-Staadt über der Saar bestattet), war plötzlich unbestrittener König des Reiches (am 2.9.1347 in Prag nochmals gekrönt; die Aachener Krönung wurde am 25.7.1349 nachgeholt). Parallel dazu stieg Balduin auf die Höhe seiner weltlichen Macht, als er Karls Stellvertreter für Deutschland, Gallien und die angrenzenden Länder wurde, Luxemburg verwalten durfte und das reichsunmittelbare Prüm versprochen bekam (das dann doch erst 1576 an Kurtrier fiel). Hillesheim in der Eifel erwarb Balduin, nachdem er nach Vermittlung eines Streits im Hause Jülich die Pfandsumme für die Stadt bezahlte.

Dennoch häuften sich für den erfolgsverwöhnten Erzbischof, jetzt schon ein Greis (senex, Sechzigjähriger) von 65, die Probleme. Im Streit mit Reinhard von Westerburg, der die Burg Grenzau erobert hatte, zogen die Koblenzer unautorisiert und siegessicher in den Westerwald und verloren fast 200 Mann (Gedenkstein bei der Koblenzer Liebfrauenkirche). Balduin musste Karl IV. mit 50.000 „Mark" Silber aushelfen. Die wirtschaftlichen Schwierigkeiten infolge der Klimaabkühlung wurden immer drückender, und Balduin musste einen Teil kirchlicher und kurfürstlicher Kleinodien wie ein „cristallenes Salzfass mit einem Cristalldeckel auf einem silbernen Lindwurm" verpfänden, und 1349 war ein Teil der jüdischen Gemeinde Triers im Zuge der Pestwirren in seiner Abwesenheit erschlagen worden. Balduin zog die Bußen der Mörder und die Hinterlassenschaften der im Elsass ermordeten „Kammerjuden" ein, hatte aber mit den Menschen, die er zum guten Teil persönlich gekannt haben muss, auch einen Großteil der Finanzkraft „seiner" Juden verloren.

In dieser Lage sah Jakob von Montclair (Herr nicht der heutigen Ruine an der Saarschleife, sondern einer zurückgesetzten Burg ebendort) seine Chance, verbündete sich mit der Stadt Trier und bot Balduin, nachdem ihn dieser aus „milder ritterlichen Gefangenschaft" entlassen hatte, erneut die Stirn. Am 2.5.1351 begann Balduin die Belagerung, blockierte die Saar mit Schiffen, besetzte die Orscholzer Seite und ließ die Burg mit Steinkugeln (vergeblich) beschießen – vor kurzem wurde eine untergegangene Schiffsladung solcher Kugeln entdeckt. Balduin verstärkte den Druck durch den Bau der Gegenburg Gryneck und durch die Betrauung der Belagerung mit Hartrad, dem Herrn von Schöneck/Eifel. Hartrad setzte zum Sturm an, wurde von einem Stein getroffen, von einem Pfeil im Arm verwundet, trieb die Zurückweichenden erneut an und brach in der Augusthitze unter der erstickenden Last von Harnisch und Helm tot zusammen. Balduin ehrte die 18 Jahre treuer Dienste durch ein prächtiges Grab in St. Matthias/Trier.

Der Oberbefehl ging jetzt an den Grafen von Veldenz über, der umsichtiger, aber nicht weniger entschlossen handelte. Der Hauptturm der Vorfeste wurde von Bergleuten unterminiert, die Decke der Höhlung mit Balken abgestützt, die Höhlung mit leicht brennbaren Hölzern und Pech und Schwefel angefüllt, worauf man das Ganze in Brand setzte, so dass die Stützbalken verbrannten und die

ERGARTEN

Blidenkugel von der Saar bei Orscholz

ganze Vorfeste während des Frühstücks der Besatzung in der Hauptfeste plötzlich zusammenbrach. Nicht nur war das Frühstück gestört worden, sondern auch die Wasserversorgung, denn die Vorburg hatte die einzige Quelle besessen. Die findigen Verteidiger gruben aber die Quelle von der Hauptburg durch einen Stollen wieder an, den die Belagerer im Gegenzug zu verschütten suchten. Im Winter war nach acht Monaten Belagerung die Burg immer noch nicht genommen. Balduin griff zu Psychoterror und ließ, in Erinnerung an die furchtbare Belagerung von Brescia (Bild 13b der Romfahrt), auf einer Anhöhe gegenüber der Burg Galgen errichten. Das brach den Widerstand. Am 22.12.1351 wurde die Burg übergeben, und die Verteidiger durften mit soviel Habe, wie sie tragen konnten, abziehen: „uff den heiligen Christag sange er selbst das heilig Ambt der Mess vor dem selben Schloss in seinem Gezelde" (Limburger Chronik) – für Balduin sicher die schönste Weihnachtsmesse als Erzbischof.

Grabplatte
Hartrads in
St. Matthias

Chorstuhlwange aus St. Alban: Balduin als Kirchenstifter

Balduins Gegner müssen von der Überwindung dieser schier unbezwingbaren Burg so beeindruckt worden sein, dass Balduin binnen kurzem auch die Burg Daun und die Burg Ulmen eroberte, die Festen Sasroth und Hohenselbach zerstörte und auch die Burgen Elkershausen (hier musste er wieder mit einem Galgen „nachhelfen") sowie Liesheim bei Bitburg eroberte und schleifte.

Aber Balduin hatte auch eine andere Seite – ganz abgesehen davon, dass er die Brechung der Burg Montclair als eine Tat ad maiorem dei gloriam angesehen hätte. Zu den größten liturgiegeschichtlichen Leistungen des Erzbistums gehört der anspruchsvolle Liber Ordinarius (Stadtbibliothek Trier, Hs 11737/66) von 1345 (Andreas Heinz, 2007). Am 22.5.1337 hatte Balduin neue Synodalstatuten erlassen, am 8.4.1338 ein Konzil nach Trier berufen und am 30.8.1338 eine weitere Diözesansynode durchgeführt. Am 18.12.1338 erließ er Statuten für das Domkapitel, am 1.6.1339 Synodalstatuten (u. a. strengere Strafen für das Gefangenhalten von Priestern – Loretta lässt grüßen!). Am 15.8.1341 wurde eine weitere geistliche Versammlung einberufen.

Einen Einblick in Balduins persönliche Frömmigkeit geben vor allem die Gründungen der Kartausen in Koblenz (1330) und Trier (1330/31; Grundsteinlegung 1338; 21.12.1340 Weihe). Balduin hatte in der Trierer Kartause St. Alban eine Zelle für sich bereitstehen, zog sich immer wieder dorthin zurück, teilte das härene Gewand der Kartäuser wie auch ihre Mahlzeiten mit Wasser und Brot, ihr Schweigen und ihre Gebetsstunden, feierte häufig mit ihnen die Messe. Aus der Trierer Kartause sind die eichenen Chorstuhlwangen mit den Darstellungen von Heinrich VII. und von Balduin überliefert, aber auch Balduins persönliches Messer (Bischöfliches Dom- und Diözesanmuseum Trier). In der Trierer Kartause wollte Balduin auch begraben werden.

Zu Weihnachten 1353 reiste Balduin zum Reichstag Karls IV. nach Mainz, sang im Dom die Vesper, feierte die Christmette (Karl las das Evangelium) und spendete dem Kaiser die Kommunion.

Am 14.1.1354 war Balduin wieder in Koblenz, am 18.1. (die 190 Flusskilometer mussten ja getreidelt werden) in Trier, bereits krank. In der Abenddämmerung am 21.1.1354 starb er.

Balduin, Zeitgenosse von fünf Päpsten, vier Erzbischöfen von Mainz und drei Erzbischöfen von Köln, wurde am 18.2. im Beisein von Karl IV. vorläufig unter einer weißen Marmorplatte bestattet. Die hinterlassene Barschaft eines Erzbischofs, der zum Amtsantritt mehrere zehntausend „Pfund" Silbermünzen aus eigenem Besitz zur Bezahlung der Schulden des Erzbistums eingebracht hatte, war mit etwa 5000 Goldgulden klein, reichte aber für das Begräbnis. Balduin hatte sich ja in der Trierer Kartause bestatten lassen wollen, doch das Domkapitel hatte auf

einer Bestattung im Dom bestanden, sicher nicht, um den Erzbischof durch ein Grab im Dom zu ehren, sondern um den Dom durch das Grab Balduins aufzuwerten. Kurz vor 1362 war dann die riesige Tumba (Deckplatte 310 x 149 cm) aus aderlosem schwarzen Maas-Marmor aufgestellt worden, in der 1831 ein Sandsteinsarkophag gefunden wurde, der einen Holzsarg aus wohl 1352 gefälltem Tannenholz enthielt, welcher die sterblichen Überreste Balduins (heute verloren – wir können also seine tatsächliche Körpergröße nicht mehr ermitteln) in Pontifikalgewändern barg. Eine Grabinschrift („… Baldewines … patriae lux … Lutzlunburch natus …“ [… Balduin … Licht des Vaterlandes … aus Luxemburg gebürtig …], Fuchs 2006, Nr. 326) ist überliefert, war vielleicht in Bronze auf dem umlaufenden Schrägband angebracht. Der Sarkophag auf dem Ehrenplatz in der Zentralachse im Westchor war jahrhundertelang Anziehungspunkt für die Besucher und trug deren Graffiti, die aber 1975 abgeschliffen wurden. Sichtbar ist heute nur noch das tief eingeschliffene FRANS:WILHELM:V:KLIPP [?] von wohl 1661; andere sind photographisch dokumentiert, darunter etliche aus dem alten luxemburgischen Herrschaftsgebiet.

Balduins Grablege im Westchor des Trierer Doms

Balduin hatte, wie beschrieben, viele wichtige theologische und kirchenpraktische Weichenstellungen festgelegt, hatte außerordentliche und nachhaltige kurstaatpolitische (Verdoppelung des Kurstaates, der dann so bis zur Französischen Revolution bestand), wirtschaftliche (Schuldenfreiheit, Förderung der Infrastruktur durch Brückenbauten, Stadtgründungen, Münzvereinheitlichung und Sicherung des Landfriedens) und staatspolitische (Hilfe bei der Kaiserkrönung seines Bruders, Etablierung und Festigung des luxemburgischen Hauses in der Reihe der deutschen Könige und Kaiser, Vorbereitung der Goldenen Bulle, die von 1356 bis zur Französischen Revolution galt) Erfolge errungen und künstlerische Impulse (Kirchen, Buchmalerei) gesetzt.

In sein Inneres aber führt eine für das Mittelalter ganz ungewöhnliche persönliche Äußerung Balduins gegenüber Peter von Zittau vom Oktober 1334: „Ich weiß, dass Viele mich darüber verurteilen, weil ich die Trierer, Mainzer und Speyerer Kirche in meiner Hand halte und regiere; aber ich achte es gering, wenn ich vom [Gericht]tage der Menschen verurteilt werde, denn der, welcher über mich urteilt, ist der Herr. Der Papst, den wir wie einen Gott auf Erden verehren, verurteilt mich und will doch meine Absicht und Entschuldigung nicht hören. Unser Gott aber, der im Himmel ist, weiß und erkennt die inneren Wünsche und den Vorsatz meines Herzens; er weiß, dass ich nicht aus Ehrgeiz, sondern in reiner Absicht Sorge um die genannten Kirchen trage, denn allzu große Unordnungen würden in diesen Gegenden vorkommen, wenn meine Hand nicht die Kirchen schütze und leitete."

Kulturweg „Auf Balduins Spuren"

Ein Kulturweg auf den Spuren Balduins ist in Planung. Als große (wenn auch nicht einzige) Attraktion möchte man das Netzwerk der 169 Burgen herausstellen, die etwas mit Balduin zu tun hatten, sei es, dass sie von ihm belagert und gebrochen, neu gegründet oder einfach nur ganz oder teilweise erworben worden waren (Konzeptidee ADD 2007).

Eine zusätzliche Anziehungskraft eines solch (mehrsträngigen) Kulturwegs bestünde natürlich in der Eigenschönheit der jeweiligen Wanderstrecke. Da solche Wege aber nur guten Gewissens zu empfehlen sind, wenn sie auf Dauer gepflegt werden, sollen hier lediglich einige Erinnerungspunkte angedeutet werden, die an ausgewiesenen „Steigen" liegen.

Grimburg

❦ Saar-Hunsrück-Steig von der Saarschleife Cloef bis zur Edelsteinstadt Idar-Oberstein.

Dieser im Frühjahr 2008 eröffnete Wanderweg wurde mit seinen 47 „Erlebnispunkten" auf Anhieb zu Deutschlands bestem Fernwanderweg gekürt. Er beginnt in **Orscholz** und damit an der spektakulären Saarschleife. Und gegenüber dem langgezogenen Geländesporn (5 km) mit der neuen Burg Montclair liegt auch die alte Ruine **Montclair** mit der wüstgefallenen balduinischen Gegenburg **Gryneck**, erreichbar von Merzig aus über einen Feldweg nach St. Gangolf und dann zu Fuß.

In 462 m Höhe liegt die liebevoll restaurierte **Grimburg** in der Nähe des erst im 20. Jahrhundert so genannten Dorfes Grimburg. Die Feste mit Vorburg als Schutz einer Siedlung und Hauptburg wurde von Balduin zu einem Amt erhoben, hat sich aber trotz der Verleihung der Stadtrechte 1332 nie zu einer städtischen Siedlung entwickeln können. Umso entschiedener prägt die mit dem unkonventionell dreistufig wiederaufgebauten Bergfried ausgestatteten Burg Waldfläche und Felssporn.

Ebenfalls nicht zu einer Stadt entwickelte sich die Umgebung der **Wildenburg** am Idarbach, obwohl der Felssporn bereits eine keltische Vergangenheit hat. Der imposante Bergfried der 1330 an Balduin gefallenen und an den Wildgrafen Friedrich von Kyrburg zu Lehen gegebenen Burg erinnert freilich mehr an einen Wasserturm als an einen originalgetreuen Wiederaufbau.

Am Endpunkt des Saar-Hunsrück-Steigs in Idar-Oberstein, genauer in Oberstein, winkt noch einmal eine mächtige Burganlage, die **Oberstein** auf steilen Porphyrfelsen über der Edelsteinstadt, nicht so spektakulär im Rahmen der Lebensgeschichte Balduins wie die **Frauenburg** bei Birkenfeld, die von Loretta aus den Mitteln des balduinschen Lösegelds errichtet worden war.

❦ Eifelsteig

Auch der Eifelsteig führt an mehreren der mit Balduins Leben verwobenen Burgen vorbei. **Freudenkoppe** beim Nerother Kopf (647 m) mit dem Bergfried von um 1340 war seit 1346 trierische Landesburg und ist Gründungsort der „Nerother Wandervögel" (1921). Die **Burg Daun** war seit Balduins Zeit Amtsitz, doch sind nach den Feldzügen Ludwigs XIV. von der Burg nur noch Reste und Wiederaufbauten vorhanden. Ein Höhepunkt der Bergwanderung ist die **Burg Manderscheid** (Unterburg) mit ihrem noch 18 m hohen Bergfried, die von Bal-

Freudenkoppe
Neroth

duin erst nach zweieinhalb Jahren geknackt wurde – die Oberburg war erst luxemburgisch, später kurtrierisch. Die Gesamtanlage gehört zu den am meisten beschriebenen, gemalten und photographierten von Balduins Burgen überhaupt. Wo der Eifelsteig die Kyll schneidet, befindet sich die noch sehr anschaulich erhaltene **Burg Ramstein** auf einer Rotsandsteininsel, ebenso verteidigungstechnisch ideal wie malerisch gelegen. Der forschende Besucher kann in den hochaufragenden Mauern hier von innen viele bau-, wehr- und wohntechnische Einzelheiten aufspüren.

Die Stadt **Trier** selbst beherbergt neben den anderen Andenken an Balduin (Grablege im Dom, östliche Domtürme, Museumsexponate, Balduinsbrunnen) auch die Außenmauern der erzbischöflichen **Burg** in der Apsis der „Basilika", deren römische Mauern hier noch fast ganz erhalten sind.

Nur angedeutet werden kann, was dem Wanderer zwischen Trier-Euren und Koblenz begegnet: 27 Burgen, von denen die spektakulärsten die **Burg Landstuhl** in Bernkastel, Lorettas **Starkenburg** (Reste), die **Reichsburg Cochem** und der Traum aller Burgenbesucher, die **Burg Eltz** mit der **Gegenburg Baldeneltz**, sind.

Manderscheider Burgen

HOTEL BURG RAMSTE

Schloss Stolzenfels

Die Wanderung oder Fahrt zu Land und zu Wasser durch das Rheinengtal ab **Koblenz** mit der **Stadtburg** führt an neun weiteren balduinischen Burgen vorbei, von denen die **Ehrenbreitstein**, die **Stolzenfels**, die **Sterrenberg** von den „Feindlichen Brüdern“ und die Bopparder **Stadtburg** zu den bekanntesten gehören (an anderen Burgen wie Katz, Maus und Rheinfels hatte Balduin keinen Anteil). Juwel und Höhepunkt aber ist **Oberwesel** mit den balduinischen Erinnerungsorten, das unter Balduin beendete **Franziskanerkloster**, die Spitalskirche **St. Werner**, die Kirchen **St. Martin** und die **Liebfrauenkirche** (die monumentale Schatzkammer des Mittelrheins überhaupt), überragt von der **Schönburg** mit ihrer gewaltigen Schildmauer und ihrem großartigen Blick über die loreleywärts laufenden Windungen des Rheins.

Ein Tipp: Bis auf Oberwesel kann man alle Burgen vertrauensvoll mit *Balduins Burgen* von Gilbert und Christa Haufs-Brusberg besuchen und verstehen lernen.

Burg Ramstein